Ensslin Naturführer

Im Wald

Text: Valérie TRACQUI

ENSSLIN

Inhalt

Vor dem Ausflug

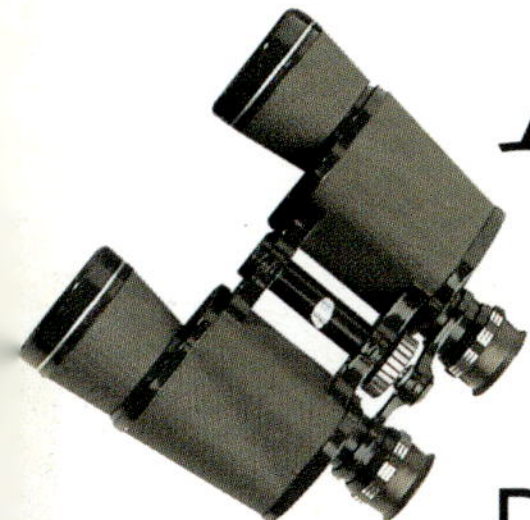

Heute soll es losgehen! Die ganze Familie hat beschlossen den Wald zu entdecken. Vor der Abfahrt heißt es, sich nach dem Wetter zu erkundigen, Vorbereitungen zu treffen, die Karte zu studieren …

In jeder Jahreszeit sieht der Wald anders aus. Kompass, Fernglas und Insektengläser bereithalten und schon kann das Abenteuer beginnen. Was ist daran so reizvoll? Tiere zu sehen, ohne selbst gesehen zu werden!

Ausrüstung

Schon mit den Vorbereitungen beginnt das Abenteuer. Jedes Stück, das in den Rucksack wandert, wird auf der Liste unten abgehakt. Dann geht alles schneller und du vergisst auch nichts!

Grundausrüstung

☐ leichte Hose oder Trainingsanzug
☐ T-Shirt
☐ Sweatshirt oder warmer Pulli
☐ Socken und leichte Wanderschuhe
☐ Hut oder Mütze
☐ Anorak, falls es regnet
☐ Sonnenbrille
☐ Sonnenschutzcreme
☐ Karte im Maßstab 1:25 000
☐ Streichhölzer oder Feuerzeug
☐ Wasserflasche (1 Liter für 2 Personen)
☐ Imbiss und etwas zum Knabbern
☐ Fotoapparat und 200-ASA-Film
☐ Tüte für die Abfälle
☐ kleiner Rucksack

Ausrüstung für Naturforscher

- ☐ Insektenglas mit Mini-Lupe
- ☐ verschiedene kleine Behälter (Flaschen unterschiedlicher Größe, Bonbon- oder Filmdosen)
- ☐ Taschenlampe mit rotem Papier (für Nachtausflüge)
- ☐ Bauchtasche oder Weste mit Taschen, damit alle Kleinigkeiten leicht greifbar sind
- ☐ Suppenlöffel (zum Graben in der Erde)
- ☐ kleine durchsichtige Plastiktüten
- ☐ Taschenmesser
- ☐ Kompass
- ☐ Lupe
- ☐ Notizbuch für das Gelände
- ☐ Bleistift und Radiergummi
- ☐ Fernglas
- ☐ Wanderstock
- ☐ Schnur
- ☐ Bestimmungsbuch
- ☐ Sauggerät für Insekten
- ☐ Metermaß

KLEINER ERSTE-HILFE-KASTEN

- ☐ Insektenschutzmittel
- ☐ Desinfektionsmittel
- ☐ Pflaster
- ☐ Pinzette zum Haarentfernen
- ☐ Aspirin gegen Fieber
- ☐ Leukoplast
- ☐ Beruhigungs- und Wundmittel auf Pflanzenbasis (sehr wirksam gegen alle kleinen Wehwehchen)
- ☐ kleine Schere

WELCHES FERNGLAS?

Auf jedem Fernglas stehen zwei Zahlen, zum Beispiel 8 x 30. Die erste Zahl gibt die Vergrößerung des Gegenstands an: 8 bedeutet, dass ein 800 m entfernter Gegenstand aussieht, als sei er 100 m weit weg.
Die zweite Zahl gibt den Durchmesser des Objektivs an: im vorliegenden Beispiel 30 mm. Je höher diese Zahl ist, desto heller ist das Fernglas und desto größer ist das Bildfeld. Allerdings ist das Fernglas dann auch dicker und schwerer. Ein Fernglas mit den Zahlen 8 x 30 ist ein guter Kompromiss. Es vergrößert genug, ist aber nicht zu schwer.

Wann aufbrechen?

Der Wald verändert sich mit jeder Jahreszeit. Die Tiere halten sich, je nachdem, was sie gerade tun (balzen, wandern, überwintern), an wechselnden Standorten auf. Und ihr Verhalten richtet sich auch nach Wetter und Tageszeit. Um die Natur im Wald zu entdecken, musst du also viele verschiedene Dinge berücksichtigen.

Herbst

Winter

Frühling – Sommer

Wie wird das Wetter?

Bevor du aufbrichst, solltest du dich immer darüber informieren, wie das Wetter wird. Ein Gewitter im Wald kann gefährlich sein, und wenn Regen angesagt ist, nimmst du besser Stiefel und einen Regenmantel mit. Die Wettervorhersage kann telefonisch abgefragt werden. Auch in der Tageszeitung steht, wie das Wetter in den nächsten Tagen voraussichtlich sein wird.

DIE HEISSE TAGESZEIT MEIDEN!

In der heißen Tageszeit solltest du nicht wandern. Das ermüdet nur und das Licht hebt im Wald alle Schattierungen auf, sodass er wie tot wirkt. Die Tiere verbergen sich in der Kühle ihres Baues oder im Gesträuch. Am besten brichst du ganz früh auf oder verlängerst den Ausflug bis in den Abend.

Wann sind Vögel zu sehen?

Frühlingsanfang ist die beste Zeit, um die Vögel im Wald zu beobachten. Es ist Balzzeit: Die Männchen wollen Eindruck machen, um ein Weibchen zu erobern. In dieser Zeit kehren auch die Zugvögel aus den warmen Ländern zurück. Sie fangen an zu singen und sind leicht zu entdecken. Im Sommer nähern sich dir Jungvögel schon einmal aus Neugier.

Es ist leicht, die Vögel auszumachen, wenn sie singen.

WAS SAGEN UNS DIE TIERE

Vor einem Gewitter fliegen die Schwalben niedrig, denn sie jagen die Insekten, die dicht am Boden fliegen. Die Bienen suchen Unterschlupf in ihrem Korb und die Katze leckt sich lange, vielleicht weil sie den kommenden Regen spürt ...

Früh auf und spät zu Bett

Im Monat September lässt du dich am besten vom Röhren des Hirsches leiten, das vom Morgengrauen bis zur Abenddämmerung im großen Wald erklingt. Bei Tagesanbruch kannst du den Fuchs am Waldrand überraschen, wenn er zur Jagd aufbricht. Ist der Tag nicht zu heiß, siehst du vielleicht ein Eichhörnchen in den Fichten klettern.

Auf der Fahrt

Auf der Fahrt im Auto kann man oft kaum noch ruhig sitzen, weil alle es eilig haben, anzukommen. Einige Ratespiele über Tiere und Pflanzen des Waldes können die Anreise verkürzen.

JA – NEIN!

Einer denkt sich ein Tier aus, das im Wald lebt. Die anderen müssen herausfinden, um welches Tier es sich handelt. Sie stellen abwechselnd Fragen über sein Aussehen, seine Gewohnheiten usw. Wer sich das Tier ausgedacht hat, darf nur mit Ja oder Nein antworten. Wer als Erster das richtige Tier errät, hat gewonnen. Aber aufgepasst! Jeder darf nur einmal raten.

DAS BUCHSTABENSPIEL

Jeder muss so schnell wie möglich ein Waldtier nennen, dessen Name mit dem ersten Buchstaben des Kennzeichens eines überholenden Autos beginnt. Der Erste, der ein Tier nennt, bekommt einen Punkt. Wer zehn Punkte hat, ist Sieger!

WER FRISST WEN?

Alle geben nacheinander den Namen eines Tiers an, das jeweils das vorhergehende frisst. Der Erste nennt zum Beispiel eine Pflanze, der Nächste einen Pflanzenfresser und der Dritte ein Raubtier, das den Pflanzenfresser verschlingt. Die Kette wird länger, wenn man bei den mikroskopisch kleinen Pflanzen am Boden beginnt und bis zu den Aasfressern, die sich von toten Tieren ernähren, weitermacht.

DIE LANDSCHAFT LESEN

Auf der Fahrt kann man sich die Zeit damit vertreiben, die Landschaft zu lesen: Wie unterscheiden sich die Farben von Laub- und Nadelbäumen? Mit Hilfe welcher Anzeichen kann man die Jahreszeit bestimmen? Welche Landmarken (Hügel, Burgen, Bäche oder Brücken) sind auszumachen?

GERÄUSCHE RATEN

Oft macht es viel Spaß, sich während der Fahrt im Wagen etwas anzuhören. Es gibt Kassetten zum Thema „Wald“, auf denen viele Geräusche zu hören sind: Vogelgesang, Kauzruf, Hirschgebrüll, Froschgequake, ein Dachs auf der Flucht, die Axt des Holzfällers, Säge, Wind ... Ihr könnt raten, um welche Geräusche es sich handelt. Anschließend wird auf dem Kassettendeckel nachgesehen, ob alles richtig erraten wurde. Damit werdet ihr in die richtige Stimmung versetzt!

VOR DEM AUSFLUG 4
BEOBACHTEN UND ENTDECKEN 18
SPIELEN UND BASTELN 54
TIERE ERKENNEN 70

Orientierung

Zunächst musst du lernen dich mit Hilfe eines Kompasses und einer Karte im Gelände zu orientieren. Das ist spannend, weil man beim Lesen einer Landschaft etwas von ihrem Charakter erfährt. Du solltest schon vor der Abfahrt einen Weg festlegen, der auf die Ausdauer der teilnehmenden Wanderer zugeschnitten ist.

Kartenmaßstab

Eine Karte stellt ein Gebiet in verkleinertem Maßstab dar. Je größer der Maßstab einer Karte, desto genauer ist sie. Für einen Ausflug ist eine Karte mit Maßstab 1:25 000 ideal: 1 cm auf der Karte ist 25 000 cm in Wirklichkeit, also 250 m.

ALLES AUF EINER EBENE

Eine Karte zeigt in einer Ebene alles, was es im Gelände gibt: Straßen, Wasserläufe, Vegetation, Dörfer, Oberflächengestalt ... Mit etwas Übung lernst du die Darstellung auf der Karte mit dem Gelände in Einklang zu bringen.

Jede Farbe steht für etwas anderes, z. B.:
- *Schwarz für Gebäude;*
- *Grün für Vegetation;*
- *Blau für Gewässer;*
- *Rot und Gelb für Verkehrsverbindungen und Oberflächengestalt*

.

Die Kartenlegende erklärt die Bedeutung der verwendeten Farben und Symbole. So findet man zum Beispiel Angaben über die Art des Walds:

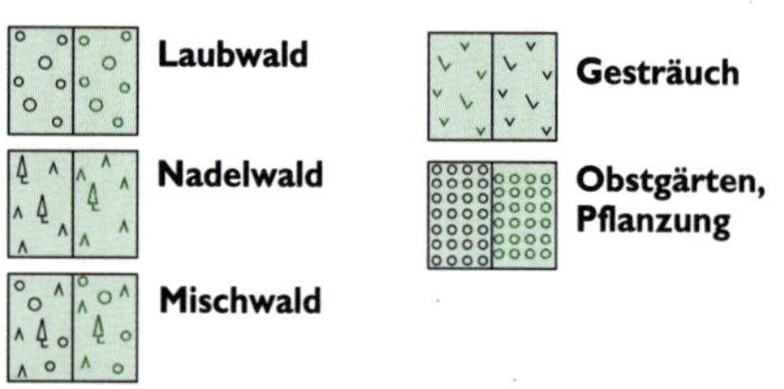

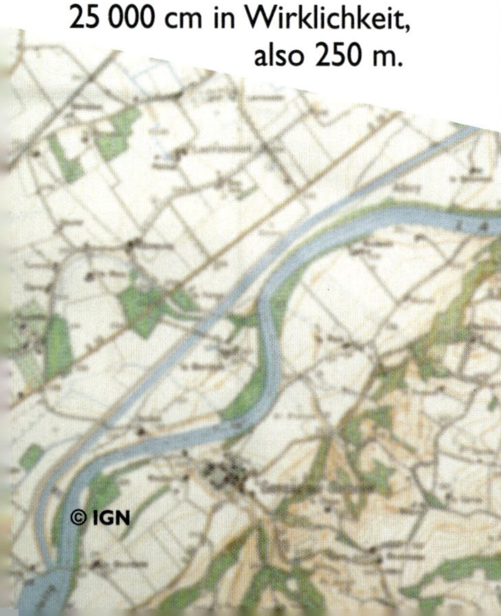

Den Norden finden

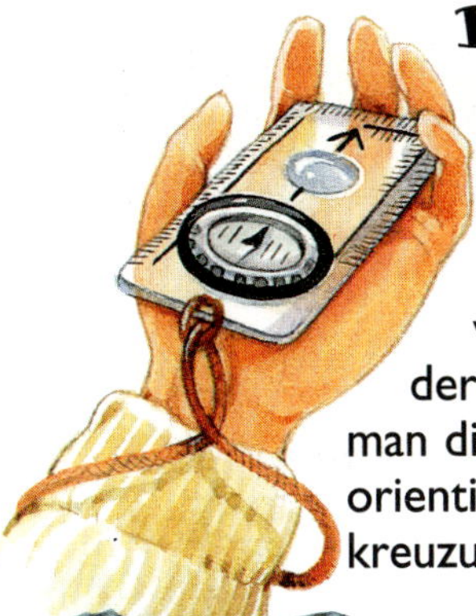

Die bewegliche Nadel des Kompasses zeigt immer zum Nordpol. Hält man den Kompass in der Hand und dreht das Zifferblatt, bis sich die Nadel gegenüber von N befindet, liegt der Süden im Rücken, der Osten rechts und der Westen links. Richtet man die Karte nach Norden aus, kann man sich orientieren und Landmarken wie Parkplätze, Wegkreuzungen oder Burgen festlegen.

DER TRICK MIT DER UHR

Selbst ohne Kompass findest du den Norden mit einer Uhr, die Zeiger hat:

1) Die Uhr auf die Sonnenstunde einstellen (–2 Std. im Sommer und –1 Std. im Winter).

2) Den kleinen Zeiger auf die Sonne richten.

3) Die gerade Linie verfolgen, die den vom kleinen Zeiger und der Mittagsachse gebildeten Winkel teilt: Sie gibt den Süden an. Der Norden muss also gegenüber liegen.

HINWEISE, UM DEN NORDEN ZU FINDEN

Moose wachsen hauptsächlich an der Nordseite von Bäumen, die feuchter ist. Ameisenhügel liegen dagegen öfter an der Südseite zu Füßen von Bäumen, denn dort scheint die Sonne länger und sie sind besser vor Regen geschützt.

Den Indianerzeichen folgen

Die Markierungen großer Wanderwege gleichen Indianerzeichen, denen du folgen solltest, um dich nicht zu verlaufen. Tausende Kilometer sind mit Markierungen versehen, die auf Felsen, Bäume und Pfähle gemalt wurden. So oder ähnlich sehen sie aus:

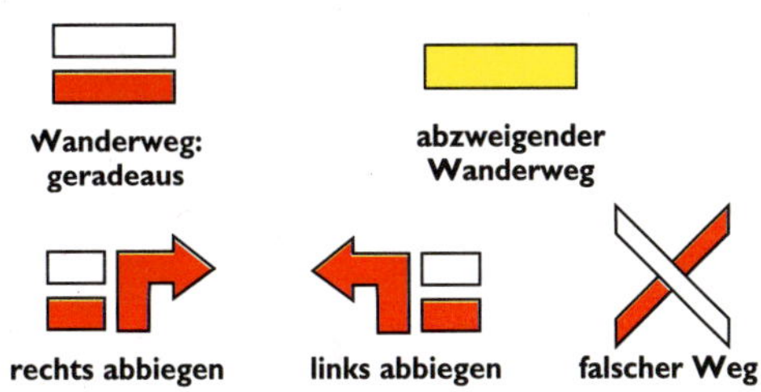

4 VOR DEM AUSFLUG
18 BEOBACHTEN UND ENTDECKEN
54 SPIELEN UND BASTELN
70 TIERE ERKENNEN

Tiere beobachten

Tiere riechen und hören sehr viel besser als wir. Lange bevor wir kommen, sind sie schon längst geflohen, gewarnt durch unseren Geruch und vielerlei Geräusche, die wir machen! Du musst eine List anwenden, um sie zu überraschen …

Die Sinne schärfen

Zuerst kann man nur wenig wahrnehmen. Unsere Sinne haben keine Übung! Für den Anfang kannst du mit geschlossenen Augen lauschen und dabei versuchen so viele Geräusche wie möglich zu unterscheiden. Beim Gehen musst du lernen beim geringsten Geräusch stehen zu bleiben. Du verhältst dich völlig still, bis der Eindringling entlarvt ist. Auch dein Geruchssinn verbessert sich: Schnuppere ruhig an Pilzen, Blumen, Kot und Tierbauten …

TIERGERÄUSCHE AUFNEHMEN

Mit einem einfachen Tonband kannst du die Geräusche im Wald aufnehmen, wenn du ein Mikrofon besitzt, das ein langes Kabel hat. Wegen des Winds bedeckst du das Mikrofon mit einer „Haube“ aus Schaumstoff. Verstärken kannst du die Geräusche, indem du das Mikrofon im unteren Teil eines Kegels aus weichem Karton oder eines Regenschirms anbringst. Während der Aufnahme still bleiben und lauschen!

F. G. B. B. F.

Das sind die Anfangsbuchstaben für fünf Maßnahmen, die man ergreift, wenn man nicht von wild lebenden Tieren ausgemacht werden will.

F: Form. *Gebückt gehen, damit dein Umriss sich nicht von der Umgebung abhebt, oder mit einem Tuch tarnen.*

G: Geruch. *Immer so gehen, dass dir der Wind ins Gesicht bläst, damit die Tiere dich nicht schon vorher riechen.*

B: Bewegung. *Keine plötzlichen Bewegungen! Die meisten Tiere sehen schlecht. Wenn wir uns nicht bewegen, bemerken sie uns kaum. Du bewegst dich also langsam und so leise wie möglich vorwärts.*

B: Beleuchtung. *Vorsicht! Wenn dein Schatten auf einen Tierbau (z. B. einen Ameisenhaufen) fällt, bemerken seine Bewohner sofort die Gefahr. Deshalb gehst du besser mit dem Gesicht zur Sonne.*

F: Farbe. *Kleider in lebhaften Farben, vor allem in Rot, solltest du vermeiden. Zahlreiche Tiere sehen Farben schlecht, reagieren aber auf Rot besonders empfindlich.*

Wo sind die Tiere?

Je besser du mit den Gewohnheiten der Tiere vertraut bist, desto größer sind deine Aussichten, ihnen zu begegnen. Du musst herausfinden, welche Wege sie nehmen, wo sie fressen, sich aufhalten oder lauern und wo ihre Unterschlüpfe sind. Waldrand und Lichtung eignen sich besonders gut als Beobachtungsposten.

Wildwechsel

Aha! Das Gras ist niedergedrückt. Vermutlich gehen hier oft Tiere entlang. Es lohnt sich, nach Haaren an Baumstämmen oder stachligen Büschen zu suchen. Solch ein Wildwechsel verläuft oft unter einem Hindernis (Schranke, Einzäunung) hindurch oder am Waldrand entlang. Oft haben hier mehrere Arten zur Markierung ihres Territoriums einen Abdruck hinterlassen …

MASTEN ODER SINGPOSTEN

Beobachte alle auffallenden Plätze: einen frei aufragenden Ast, den Mast einer Einzäunung, einen etwas erhöhten Fels. Die Vögel nutzen sie als Singposten, von denen aus sie ihr Territorium verteidigen. Raubtiere halten auf den Masten Ausschau nach Beute. Füchse wiederum hinterlassen ihren Kot gern an Böschungen oder frei stehenden Steinen.

WASSER FÜR AMPHIBIEN

Amphibien wie Frösche und Kröten suchen sich Wasserstellen im Wald. Pfützen und kleine Tümpel beherbergen deshalb oft Molchlarven oder Kaulquappen.

Zu Tisch!

Beobachte die Plätze, an denen Tiere fressen und Früchte, Blumen, Körner oder Gras finden. Dort bestehen die größten Aussichten, sie zu Gesicht zu bekommen.

Die schwarzen Beeren des Holunders gelten bei Vögeln als besondere Leckerbissen.

Unter Fichten und Haselsträuchern nach von Eichhörnchen oder Waldmäusen angeknabberten Kiefernzapfen oder Nüssen suchen.

Lichtungen eignen sich besonders gut zur Beobachtung. Mit dem Fernglas kannst du den Hirsch mit seinem Rudel beobachten.

Zahlreiche Schmetterlinge suchen Nektar bei der Buddleja, Büschen mit lila Blüten, die am Waldrand wachsen.

BAU UND UNTERSCHLUPF

Säugetiere hinterlassen in der Nähe ihres Baus oder Lagers oft Hinweise: Abdrücke, Nahrungsreste, Haare, Kot ... Wenn du feuchte Baumstümpfe oder große Steine aufhebst, entdeckst du darunter Insektenlarven, die sich hier verstecken. Nicht vergessen nach dem Betrachten alles wieder so zurückzulegen, wie es war!

4 VOR DEM AUSFLUG
18 BEOBACHTEN UND ENTDECKEN
54 SPIELEN UND BASTELN
70 TIERE ERKENNEN

Beobachten und entdecken

Wild lebende Tiere zu beobachten ist nicht so einfach: Viele sind nur nachts aktiv, andere scheu; sie verstecken sich oder laufen davon, sobald man sich ihnen nähert. Aber du kannst vielerlei Hinweise auf das im Wald verborgene Leben finden. Bäume, Blumen und Pilze zu finden ist sehr viel leichter. Wichtig ist, den besonderen Charakter einer jeden Art zu erkennen.

Fußspuren

Ein Fußabdruck im Schlamm! Um ihn zu identifizieren, musst du zunächst seine Form (Pfote, Ballen oder Huf) und die Anzahl der Zehen überprüfen. Danach wird die Größe gemessen und geschaut, ob es auch Abdrücke von Krallen gibt. Mit Hilfe des Schemas fällt es dir dann leicht, zu bestimmen, welches Tier den Abdruck hinterlassen hat.

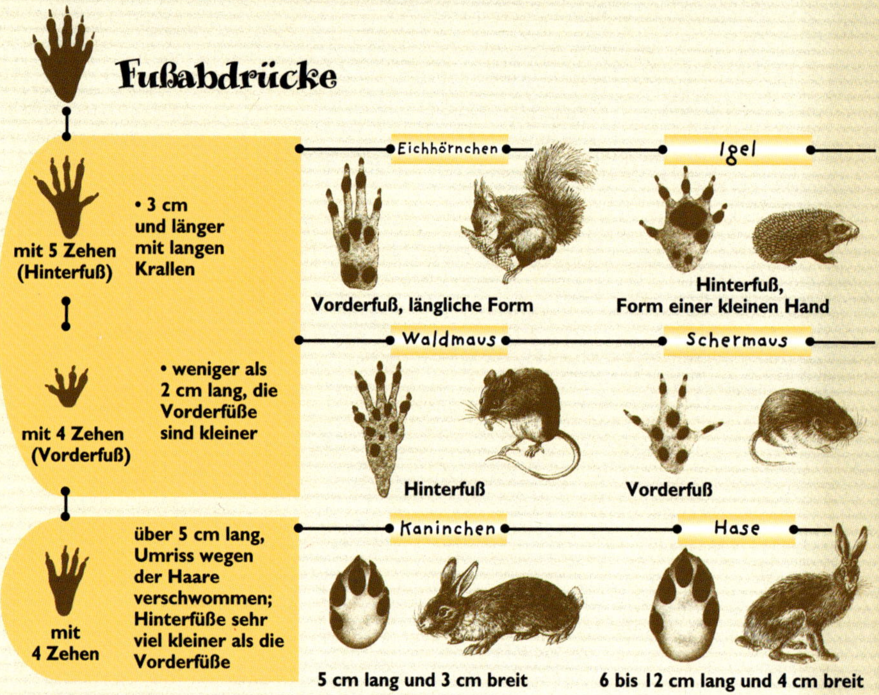

GUT ZU FUSS!

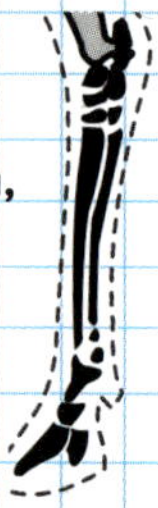

Huftiere gehen auf Hufen, die eigentlich Krallen sind, in die ihre Zehen auslaufen.

Der Dachs setzt beim Gehen die ganze Fußsohle auf den Boden: Er ist ein *Sohlengänger*.

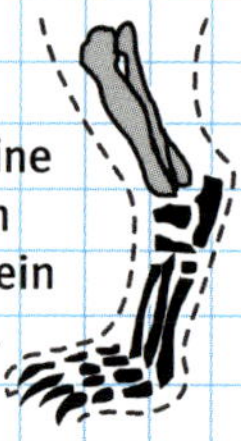

Der Fuchs setzt beim Gehen nur seine Zehen auf den Boden: Er ist ein *Zehengänger*.

• Schwarz kennzeichnet die Fußknochen.

Ballenabdrücke

4 Zehenballen

- über 4 cm lang, mit Krallen

Fuchs

ovaler Abdruck

Hund

runder Abdruck

- weniger als 4 cm lang, ohne Krallenmarkierung

Katze

runder Abdruck

5 Zehenballen

- 5 bis 7 cm lang

Dachs

in einer Reihe angeordnete Zehenballen, 5 Zehen mit Krallen

- weniger als 5 cm lang

Marder

im Kreis angeordnete Zehenballen, 5 Zehen mit Krallen (Hinweis: Manchmal fehlt der 5. Zeh)

Hufabdrücke

4 Zehen

über 6 cm lang, Außenrand abgerundet und am Ende abgenutzt

Wildschwein

2 Zehen (die beiden anderen Zehen drücken sich nur in feuchtem Boden ab)

Rehbock

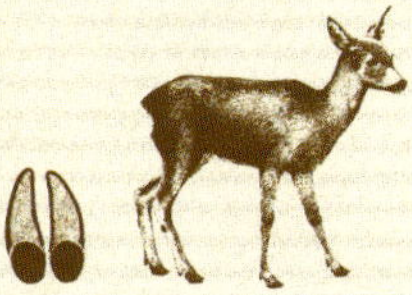

weniger als 6 cm lang, Außenrand abgerundet

Hirschkuh

länger als 6 cm, Außenrand bogenförmig

Hirsch

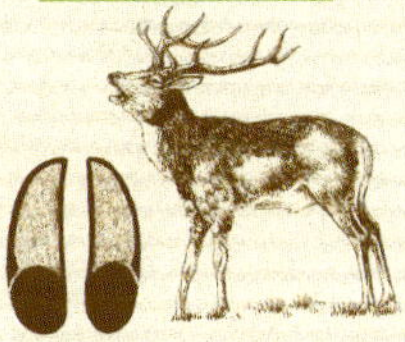

9 cm

4 VOR DEM AUSFLUG
18 BEOBACHTEN UND ENTDECKEN
54 SPIELEN UND BASTELN
70 TIERE ERKENNEN

Abdrücke mit zwei Zehen: Huftiere

Hier ist die Spur klar: ein Huf mit zwei Zehen – ein Huftier! Oft findest du deutliche Abdrücke im feuchten Schlamm oder Schnee. Paarhufer sind Säugetiere mit vier Zehen an jedem Fuß, die jedoch nur auf zwei Zehen gehen. Die kleinen Hinterzehen hinterlassen nur auf feuchtem Boden einen Abdruck. Wenn du einen Abdruck identifizieren willst, musst du ihn von Nahem betrachten und seine Größe messen.

Hirsch und Hirschkuh ▶

Die Abdrücke des Hirsches sind größer als die der Hirschkuh, die viel leichter als ein Hirsch ist. Es sind die größten Abdrücke mit zwei Zehen, die man in unseren Wäldern findet. Manchmal ist die Zehspitze gespreizt. Typisches Kennzeichen: Der Hufrand ist regelmäßig wie ein Bogen.

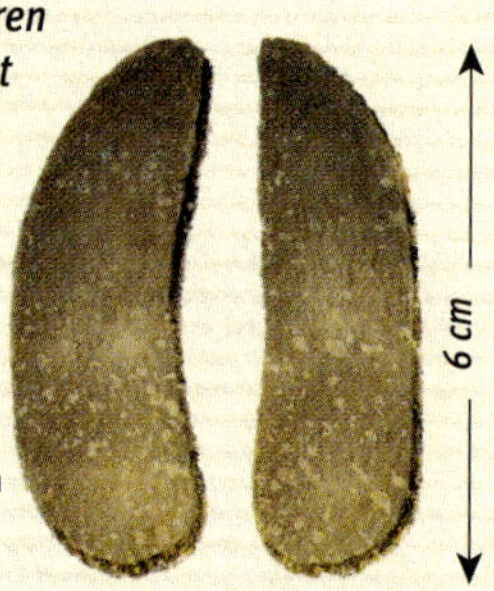

Hirschkuh

Hirsch

Rehbock ▶

Seine Abdrücke gleichen denen der Hirschkuh, sind aber kleiner und spitzer. Das Vorderteil des Hufs ist schmal und länglich. Männchen und Weibchen haben die gleichen Abdrücke. Der Rehbock ist das kleinste Huftier in Deutschland. Er springt bis zu 8 m weit und 2 m hoch.

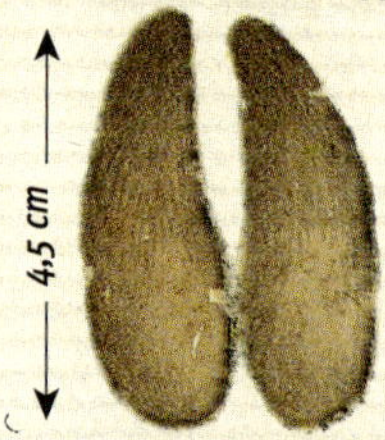

Rehbock

NICHT LEICHT

Die Fußabdrücke, auf die du stößt, ähneln nie genau den hier gezeichneten Mustern. Du musst wissen, dass sich jede Spur verändert, je älter sie wird, und auch, dass ihre Größe je nach Alter, Gewicht und Geschlecht des Tiers schwankt. Zudem verändert sich ein Fußabdruck je nachdem, ob es geht oder springt.

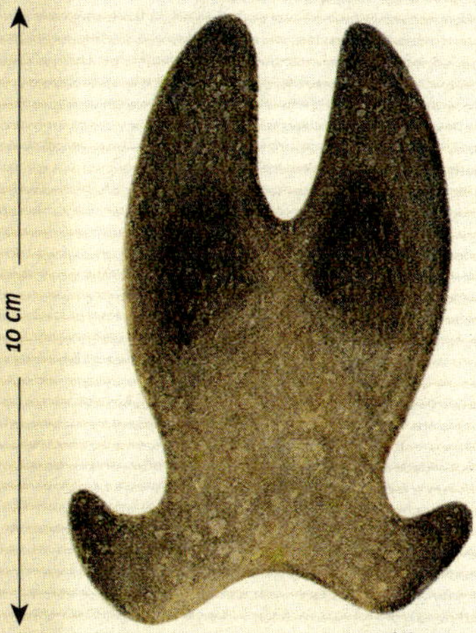

◀ Wildschwein

Die Ausnahme, die die Regel bestätigt: der einzige Fußabdruck mit vier Zehen! Da die kleinen Hinterzehen beim Wildschwein tiefer als beim Hirsch sitzen, hinterlassen sie auf dem Boden einen Abdruck. Kennzeichen: Der Zehenaußenrand ist abgerundet und am Ende abgenutzt.
Hinweis: Die Abdrücke der Jungen sind spitzer, die der älteren Tiere dagegen abgerundeter und dicker.

Unterschiedliche Schritte

Misst man den Abstand zwischen den einzelnen Abdrücken, kann man feststellen, wie sich das Tier fortbewegt hat: im Gehen, im Trab oder im Galopp. Manchmal siehst du nur einen Abdruck und fragst dich, wohin das Tier verschwunden ist! Vielleicht ist es mit einem Satz ins Gesträuch entsprungen?

TRICKS DER SIOUX

- Der Abdruck des **Hirschs** passt in ein Rechteck,

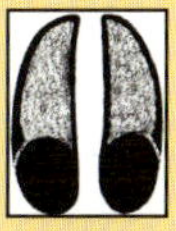

- der des **Wildschweins** in ein Trapez,

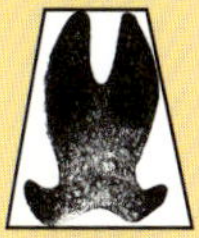

- der des **Rehbocks** in die Form eines Rugbyballs. Ganz leicht!

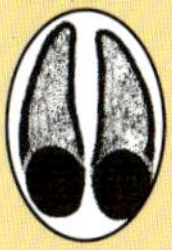

NICHT VERWECHSELN!

Eine **Spur** ist eine Markierung, die Tiere oder Menschen hinterließen.
Ein **Fußabdruck** ist eine Vertiefung im Boden, die von einem Fuß stammt.
Eine **Wegspur** bilden die Abdrücke der vier Füße eines Tiers.
Eine **Fährte** ist eine Folge von Wegspuren. Sie gibt Richtung und Gangart des Tiers an.

VOR DEM AUSFLUG 4
BEOBACHTEN UND ENTDECKEN 18
SPIELEN UND BASTELN 54
TIERE ERKENNEN 70

Fußabdrücke mit vier oder fünf Zehen: die anderen Säugetiere

Findet man solche Fußabdrücke, möchte man wissen, welches Tier hier gegangen ist. Aber wie identifiziert man es? Beachte genau die Form des Abdrucks, die Anzahl der Zehen (manchmal gibt es vom großen Zeh keinen Abdruck), vorhandene oder nicht vorhandene Krallen sowie Größe und Anordnung der Ballen.

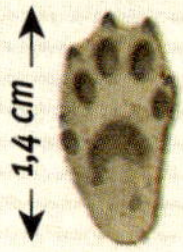

◀ Wiesel

Fünf Zehen mit gut markierten Krallen. Der Fußabdruck ist kaum mit dem anderer kleiner Fleischfresser zu verwechseln. Der Steinmarder lebt in der Nähe von Häusern und das Hermelin in den Felsen im Gebirge.

◀ Marder

Vom fünften Zeh gibt es nicht immer einen Abdruck und die Haare um die Ballen haben einen etwas verschwommenen Abdruck. Im Schnee hinterlassen die behaarten Füße sehr viel größere Spuren. Oft hört die Wegspur am Fuß eines Baums auf, denn der Marder ist ein ausgezeichneter Kletterer.

Fuchs ▲

Lange, spitze Krallen am Ende von vier gut markierten Zehenballen und ein großer Sohlenballen. Wie beim Hund gibt es keinen Abdruck von dem sehr hoch angesetzten Zeh.

◀ Hund

Sein Abdruck ist runder als beim Fuchs und die Krallen sind weniger markiert. Je nach Rasse gibt es verschieden große Fußabdrücke.

HUND ODER FUCHS?

Du brauchst nur einen kleinen Ast an das Ende der beiden oberen Ballen zu legen. Beim Hund verläuft die Linie durch die äußeren Ballen – beim Fuchs nicht! Zwischen die Ballen des Fuchses passt ein Kreuz, zwischen die des Hundes nicht.

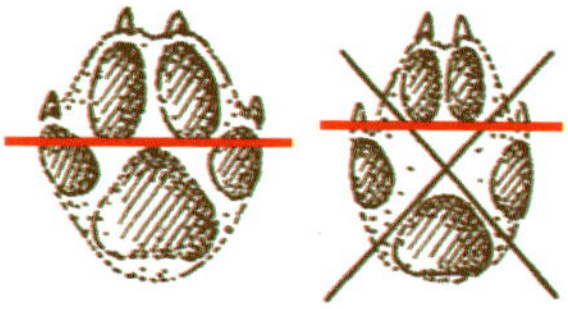

Hund **Fuchs**

◀ Dachs

Leicht! Sein Fußabdruck ähnelt dem eines kleinen Bären. Die fünf Zehen mit Krallen liegen beinahe in einer Reihe und die Ballen sind gut sichtbar, denn er ist ein Sohlengänger. An den Hinterfüßen sind die Krallen kürzer.

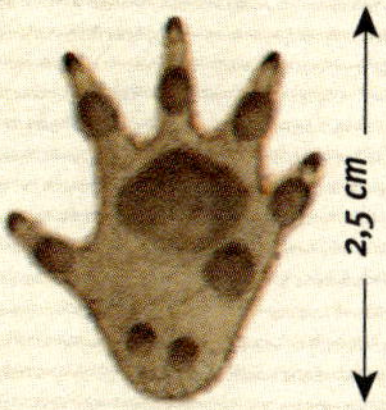

◀ Igel

Wie der Mensch ist er ein Sohlengänger und auf dem Boden hinterlässt er oft die Markierung von vier seiner fünf Zehen: fast wie eine winzig kleine Hand mit gespreizten Fingern. Hier ein Vorderfuß; der Hinterfuß ist länger.

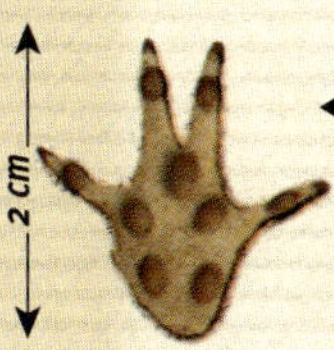

◀ Schermaus

Nur vier Zehen an den Vorderfüßen und fünf an den Hinterfüßen. Ihr Fußabdruck ist nicht von dem der Maus, Waldmaus, des Siebenschläfers und Gartenschläfers zu unterscheiden, aber du weißt, dass hier ein Nagetier lief.

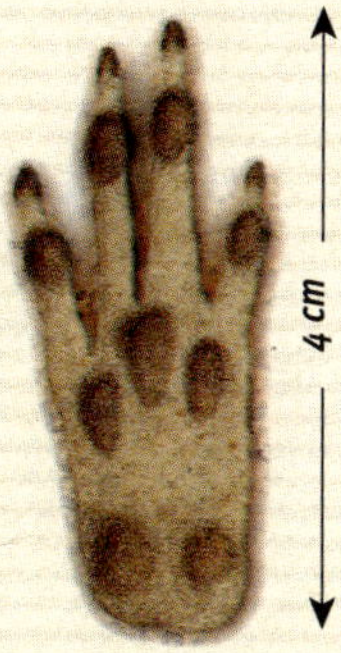

◀ Eichhörnchen

Vier sehr lange, feine Zehen an den Vorderfüßen, fünf Zehen an den sehr langen Hinterfüßen. Die Fußabdrücke sind immer zu viert angeordnet, denn das Eichhörnchen bewegt sich in Sprüngen vorwärts.

DIE FUCHSFÄHRTE

Der Fuchs hinterlässt je nach Gangart unterschiedliche Abdrücke.

Geht der Fuchs im Schnee, bilden seine Fußabdrücke eine Linie, denn er setzt die Hinterfüße in die Löcher der Vorderfüße.

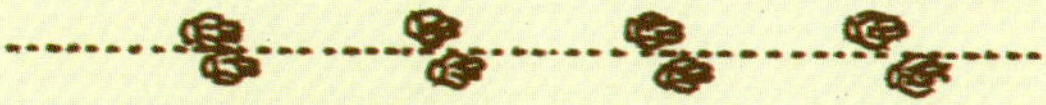

Beim **Traben** sind die Fußabdrücke paarweise leicht schräg angeordnet.

Beim **schnellen Laufen**, wenn er springt, bilden die vier Fußabdrücke ein Trapez.

4 VOR DEM AUSFLUG
18 BEOBACHTEN UND ENTDECKEN
54 SPIELEN UND BASTELN
70 TIERE ERKENNEN

Wertvolle Hinweise: die Losung

Kot bedeutet zunächst einmal, dass ein Tier da gewesen ist; außerdem gibt er einen Hinweis auf die Art der Nahrung. Biologen untersuchen den Kot und finden dabei unverdaute Nahrungsreste wie Haare, Körner, Kerne, Insektenpanzer oder Knochen, wodurch sie die Tierart identifizieren können.

Dachs ▶

Er ist sehr sauber und erledigt sein Geschäft in einem kleinen Loch, „Topf“ genannt, das er wiederholt benutzt und nicht wieder verschließt! Seine Losung riecht nach Erde oder Ölsardinen. Sie ist oft lang und trocken wie beim Fuchs, außerdem auch zylinderförmig. Manchmal ist sie sehr weich und ohne erkennbare Form.

Wildschwein ▶

Kleine Würstchen, deren Form sich je nach der vom Tier aufgenommenen Nahrung ändert, aber mit einem typisch sauren Geruch. Mit der Zeit wird die schwarze Losung grau und krümelig.

Wiesel ▲

Seine Losung ähnelt einem sehr feinen, aufgerollten Bindfaden (im Durchmesser 2 bis 4 mm), denn es ist der kleinste Fleischfresser Europas. Sie enthält Haare, Federn und Knochen von Nagetieren. Das Wiesel legt sie gut sichtbar auf einem Stein oder Erdklumpen ab.

NICHT BERÜHREN!

Achtung! Mit dem Kot von Tieren können Krankheitserreger übertragen werden, wenn man ihn mit bloßen Händen anfasst. Du darfst ihn deshalb auf keinen Fall berühren! Schau dir nur seine Beschaffenheit und Form genau an.

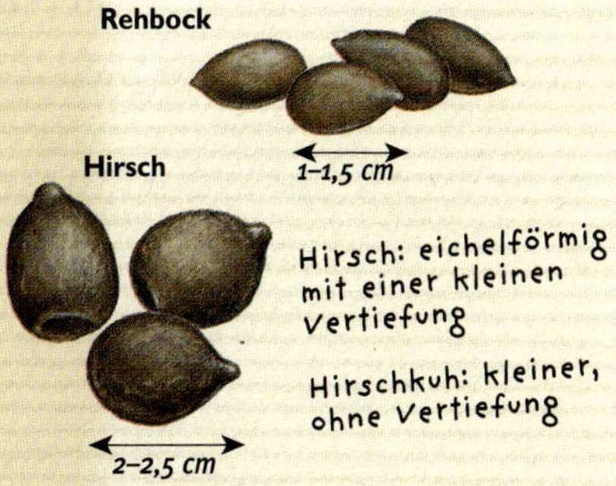

◀ Hirsch und Rehbock

Nur anhand der Größe kann man die Losung des Hirsches von der eines Rehbocks unterscheiden, denn beide sind im frischen Zustand dunkel, glatt und glänzend.

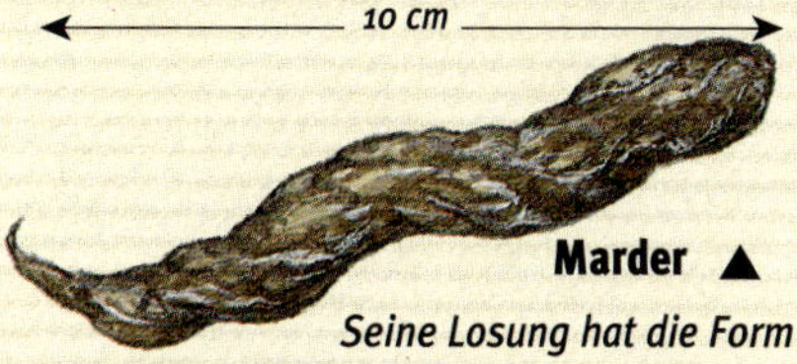

Marder ▲

Seine Losung hat die Form einer zylinderförmigen, gedrehten feinen Wurst, die sich an einem Ende verjüngt, mit einem deutlichen Moschusgeruch. Sie enthält Haare und Knochen, wenn der Marder Nagetiere gefressen hat. Er legt sie auf Waldwegen oder einem erhöhten Gegenstand ab.

Fuchs ▼

Er legt seine Losung gut sichtbar ab, denn damit markiert er sein Territorium. Sie ist spitz, gedreht und enthält Haare, Federn, Knochen sowie Insektenreste. Im Herbst findet man darin auch Kerne. Da sich der Fuchs beim Absetzen der Losung umdreht, kann man aus der Lage seines Kots erraten, in welche Richtung er ging: zur Spitze hin!

Igel ▲

Die Losung ist schwarz und glänzend, denn sie enthält Reste von Insektenpanzern; sie verjüngt sich an einem Ende, am anderen ist sie abgerundet.

JEDEM DIE SEINE!

- **Losung** von Fleisch fressenden Säugetieren wie Wiesel und Fuchs oder vom Wildschwein: zylinderförmig, länglich, spitz und gedreht; recht weich.
- **Losung** des Hirsches: flaschenförmig; schwarz und rundlich, mehr als 1,5 cm lang; ist sie kürzer als 1,5 cm, stammt sie vom Rehbock.
- **Kot** von Nagetieren wie Maus und Eichhörnchen: trocken, in Form von Körnern, mit Pflanzenresten.
- **Kot** von Vögeln: beinahe flüssig, weil mit Urin vermischt; oft weißlich und gedreht.

4 Vor dem Ausflug
18 Beobachten und Entdecken
54 Spielen und Basteln
70 Tiere erkennen

Bau, Galerie und Nest

Folgst du einem Wildwechsel oder einer Fährte, kommst du oft zu einem Bau. Welchem Tier gehört er? Du brauchst nur die Öffnung zu messen und die Form des ausgehobenen Erdhaufens zu betrachten.

Wieselbau ▶

Am Eingang teilt eine Rinne einen großen Erdhaufen: Auf dieser Rutschbahn betritt das Wiesel seinen Bau, der mehrere Ausgänge besitzt. Durchmesser des Eingangs: 30 cm.

Fuchsbau ▼

Er verströmt starken Raubtiergeruch. Der Eingang bohrt sich ohne Rinne direkt in den Boden. Vor dem Loch liegt etwas ausgehobene Erde, nicht mehr als eine winzige Erhebung. Vor dem Bau findet man oft seinen Kot. Durchmesser des Eingangs: 20 bis 25 cm.

Buntspechtloch ▶

Ein tiefes Loch, das in einen mehr oder weniger morschen Baumstamm in einer Höhe zwischen 4 und 8 m gehauen wurde. Durchmesser des Lochs: etwa 4,5 cm. Am Boden einige Holzspäne.

Rehlager ▶

Oft unter jungen Fichten oder Stechpalmen. Bevor das Reh sich auf den Boden legt, kratzt es sorgfältig dürres Laub und Gräser zusammen.

HIRSCHLAGER

Er begnügt sich damit, im Dickicht oder in einer jungen Fichtenpflanzung zu schlafen. Noch lange nachdem er gegangen ist, zeichnet sich sein „Ruhelager“ im Gras ab. Oft findet man dort Losung.

Galerien der Rötelmaus ▶

Gleich unter der Erdoberfläche (2 bis 10 cm tief) liegen ihre labyrinthähnlichen Galerien mit mehreren Eingängen. Wenn man den Boden öffnet, findet man im Inneren oft Nahrungsreste. Im Winter kannst du sehen, wie ihre Gänge unter dem Schnee verlaufen.

Elsternest ▼

Wie das des Eichhörnchens, nur größer und weiter oben zwischen Ästen. Eine mit Erde verstärkte Schüssel, die mit Wurzeln ausgelegt ist. Darüber befindet sich eine Art Astdach.

Nest des Zaunkönigs ▶

Es ist kugelförmig mit einem runden Eingang an der Seite und wird aus Moos, Grasstängeln, Farnkräutern und dürrem Laub gebaut. Das Innere ist mit weichen Federn ausgelegt. Es befindet sich in einer Höhe von 50 cm in Sträuchern oder in Bodennähe in einem verfaulten Baumstumpf.

◀ **Eichhörnchennest**

Ganz rund wie das der Elster, aber oft dicht am Stamm und aus kleinen Ästen und Blättern erbaut. Durchmesser: 20 bis 50 cm. Die Öffnung (5 cm) an der Seite ist oft versperrt. Das Nestinnere ist mit Gräsern, Moos, Haaren und Flechten gepolstert.

BEWOHNTER ODER UNBEWOHNTER BAU?

Um herauszufinden, ob ein Bau bewohnt ist, gibt es mehrere Möglichkeiten:
– Du legst zwei Äste kreuzweise über den Baueingang. Beim Verlassen des Baus verschiebt das Tier die Äste.
– Mit der Hand alle Spuren auf dem Boden vor dem Bau glätten. Geht der Bewohner darüber, hinterlässt er Fußabdrücke.
– Siehst du im Winter an den Gräsern beim Baueingang Reif, ist das ein Zeichen dafür, dass er bewohnt ist!
Vergiss nicht ein Erkennungszeichen am Weg zum Bau anzubringen, damit du bei einer Rückkehr daran denkst, nachzusehen!

Ausstrich, Kratzer und Suhle

Spuren am Boden, Kratzer von den Krallen an Baumstämmen oder Suhlen im Schlamm: Tiere hinterlassen beim Fressen oder Markieren ihres Territoriums vielerlei Hinweise.

◀ Suhle von Wildschwein und Hirsch ▲

Diese beiden Tiere wälzen sich gerne in Schlammpfützen, um sich zu erfrischen und die in ihren Haaren eingenisteten Schmarotzer zu entfernen. Im Herbst scharrt der erregte Hirsch ein Loch und wälzt sich darin, nachdem er hineinuriniert hat. Mit diesem „duftenden“ Schlamm bedeckt, kann er sicher sein Hirschkühe anzuziehen und sich zu paaren.

Saubruch ▶

Die Erde ist wie von einem Pflug durchfurcht. Das Wildschwein hat auf der Suche nach Insekten, Wurzeln oder Pilzen den Boden mit seinem Rüssel aufgerissen und die Erde ziemlich tief zerwühlt.

◀ Ausstrich an Baumstämmen

Während der Brunftzeit zerbrechen die Hirsche Äste, reißen Rinde ab und reiben ihr Geweih an Baumstämmen. Je nach Höhe der Ausstriche kannst du den Verantwortlichen identifizieren:

- ***1,20 bis 2 m:** ein Hirsch;*
- ***unter 1,20 m:** Rehbock oder Wildschwein, Haare am Stamm;*
- ***unter 15 cm:** Die Rötelmaus nagt die Rinde am Fuß ab: Du erkennst Zahnspuren.*

◀ Wieselkratzer

Mit seinen Pfoten öffnet das Wiesel Ameisenhaufen oder höhlt auf der Suche nach Larven Baumstümpfe aus. Ähnlich wie das Wildschwein, nur weniger tief, durchwühlt es auf der Jagd nach Regenwürmern und Insekten mit seiner Schnauze die Erde.

Kratzspuren an Baumstämmen ▼

Marder, Eichhörnchen und Wildkatze hinterlassen an Baumstämmen und Ästen Kratzspuren. Wo es noch Bären gibt, findet man große, parallele Kratzspuren.

Schneckengehäuse ▲

Die Singdrossel sucht sich eine harte Unterlage wie z. B. einen Stein, um darauf Schneckengehäuse zu zerschlagen und den Inhalt zu verspeisen.

Durchlöcherte Ameisenhaufen ▶

Grünspecht und Schwarzspecht schlagen oft kleine Löcher in Ameisenhaufen, um sich an den Ameisen und ihren Larven zu laben.

4 VOR DEM AUSFLUG
18 BEOBACHTEN UND ENTDECKEN
54 SPIELEN UND BASTELN
70 TIERE ERKENNEN

Entlarvte Zapfen

Körner fressende Vögel und kleine Nagetiere lieben die Pinien der Kiefernzapfen. So nennt man die Körner, die sich unter den Schuppen der Zapfen verstecken. Um an sie zu gelangen, benagen die Feinschmecker die Schuppen: jeder auf seine Art und mit seinen Werkzeugen.

Waldmaus ▼

Der Zapfen ist unten nicht spitz, sondern abgerundet? Das war die Waldmaus, die die Schuppen nicht abreißt, sondern teilweise abknabbert. Der Federbusch oben ist kleiner als der vom Eichhörnchen benagte oder er fehlt.

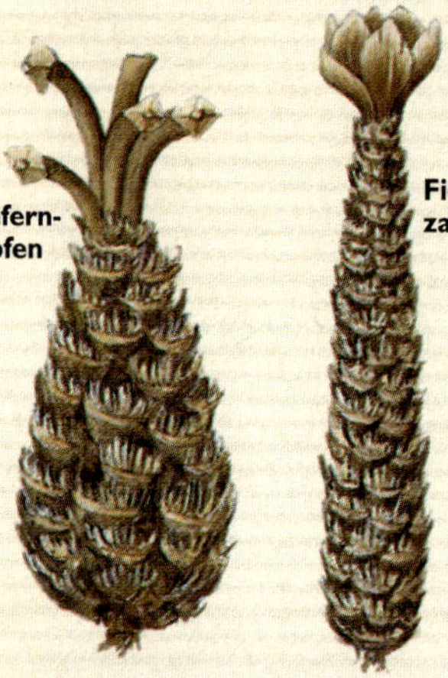

Eichhörnchen ▲

Der Zapfen läuft unten spitz zu, ist mehr oder weniger lang und von jeder Schuppe sind zerfaserte Stücke zurückgeblieben. Oben steht noch ein kleiner Federbusch. Oft findet man am selben Platz mehrere geschälte Zapfen und schräg abgeknabberte Schuppen.

EINE SPECHTSCHMIEDE

Am Fuß eines Baums häufen sich zahlreiche Zapfen? Das ist ein Zeichen dafür, dass sich der Buntspecht im Stamm darüber eine Schmiede angelegt hat. Der Vogel kehrt regelmäßig hierher zurück, um einen Zapfen in die Vertiefung zu klemmen und ihn auszuhämmern.

Kreuzschnabel ▶

Die Schuppen sind der Länge nach gespalten. Warum? Weil dieser Vogel seinen kuriosen Schnabel, dessen beide Spitzen sich kreuzen, unter eine Schuppe schiebt. Er schließt ihn, um die Schuppe anzuheben und die beiden Körner mit seiner klebrigen Zunge zu greifen; dabei zieht er an der Schuppe und spaltet sie. Das Geräusch der herabfallenden Schuppen und Zapfen verrät eine Kreuzschnabelschar.

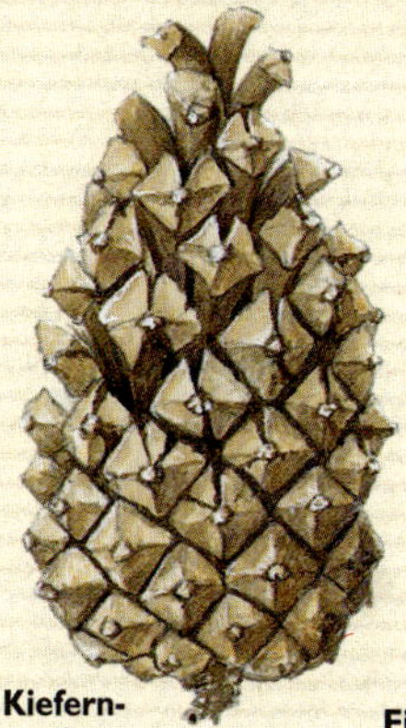

Kiefern-zapfen

Fichten-zapfen

Kiefern-zapfen

Fichten-zapfen

◀ Buntspecht

Im Winter klemmt er Fichtenzapfen in den Spalt eines Baumstamms und schlägt mit seinem kräftigen Schnabel gegen die Schuppen, um an die Körner zu gelangen. Ungefähr 800 Schnabelschläge in 4 Minuten und alle Körner sind draußen! Die Schuppen am Zapfen sind in alle Richtungen verdreht. Nur das Innere bleibt unversehrt.

Sie haben Federn gelassen!

Findest du viele Federn an einem Ort, solltest du den Zustand der Federn genau betrachten, um den Urheber des „Verbrechens" zu erkennen:

– Wurden sie von einem Sperber oder Habicht ausgerissen, sind sie unversehrt, denn beide lösen sie, indem sie die Federn nacheinander mit Schnabelschlägen herauspicken. Um ihre Beute zu entfedern, lassen sich diese Raubvögel immer auf einem Baumstumpf, Stein oder Erdhügel nieder;

– Fuchs und Marder zerfetzen ihre Beute. Sie reißen die Federn in Büscheln aus. Dabei werden sie an den Enden beschädigt und die Federn sind vom Speichel verklebt.

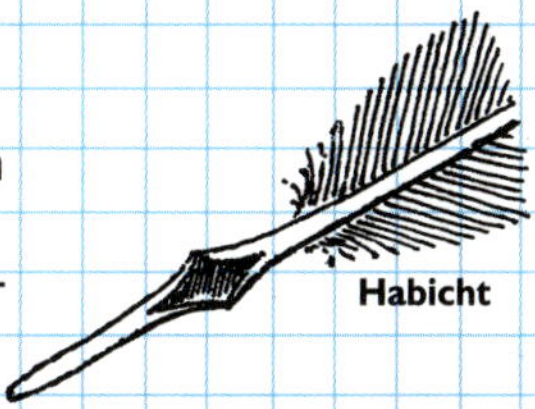

Habicht

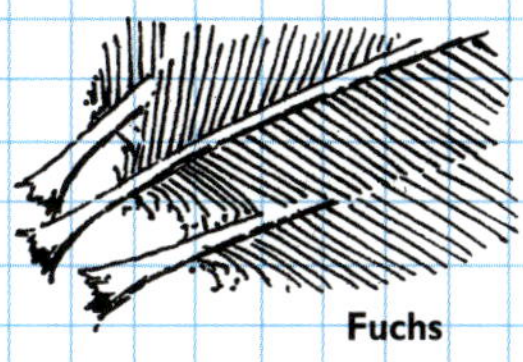

Fuchs

4 VOR DEM AUSFLUG
18 BEOBACHTEN UND ENTDECKEN
54 SPIELEN UND BASTELN
70 TIERE ERKENNEN

Spuren an Nüssen

Ein kleines Loch in einer Nuss und daneben Zahnspuren? Ein Feinschmecker hat die Schale durchbohrt, um an die Nuss zu gelangen! Das ist ein mühsames Unterfangen für Nagetiere und Vögel, aber das Innere ist köstlich! Um nicht zu viel Energie zu verbrauchen, hat jede Art ihre eigene Technik entwickelt. Die Bohrarbeit ist eine leicht zu deutende Handschrift.

◀ Meise

Die Kohlmeise macht rundliche Löcher in die Nuss, denn ihre beiden Schnabelspitzen sind gleich lang. Da ihr Schnabel nicht besonders kräftig ist, hält sie sich lieber an kaum reife Schalen, denn die sind weniger hart.

Kleiber ▲

Wie der Specht klemmt der Kleiber die Nüsse in Rindenspalten, aber er wechselt jedes Mal den Platz. Mit starken Schnabelschlägen gelingt es ihm, ein mehr oder weniger rundes Loch in die Schale zu bohren. Die Spuren seines Schnabels sind halbmondförmig, denn seine Schnabelspitzen sind ungleich.

Erwachsenes ▶ Eichhörnchen

Das erwachsene Eichhörnchen lässt eine sauber in zwei Teile gespaltene Schale neben ein paar zerfaserten Resten zurück.

Buntspecht ▶

Mit seinem Schnabel schlägt er wie ein Steinmetz, der einen Block in zwei Teile spalten will, auf die Längsachse der Nuss. Um das Loch herum sind ungefähr 2 mm große Schnabelspuren zu sehen.

JUNGES EICHHÖRNCHEN

Es benagt die Nuss in alle Richtungen, bis es ihm gelingt, ein Loch zu bohren, in das es seine Schneidezähne schieben kann, um dann ein Stück von der Schale abzubrechen. Später lernt es, die geeignetste Stelle zu bearbeiten. Bis dahin weist die Nuss Spuren seiner Lehrzeit auf.

Waldmaus

Die Waldmaus hinterlässt ein regelmäßiges Loch mit Zahnspuren innen wie außen.
Sie bohrt zunächst ein kleines Loch an einem der Enden. Sobald sie ihre unteren Schneidezähne hineinschieben kann, beknabbert sie die Schale, indem sie die Nuss dreht. Befinden sich im Nussinneren jedoch keine Zahnspuren, dann war nicht die Waldmaus, sondern die Waldwühlmaus am Werk.

EINE GEZACKTE EICHEL

Um eine Eichel zu öffnen, bohrt die Waldmaus zunächst ein Loch am größeren Ende (dem mit der Cupula) und dann nagt sie daran. An der Eichel bleiben die Spuren der Schneidezähne deutlich zurück: Ihr Rand ist mächtig gezackt.

WIE GEHEN SIE VOR?

• Das **Eichhörnchen** hält die Nuss zwischen seinen Vorderpfoten und zieht an einem Ende eine Furche. Dann schiebt es seine unteren Schneidezähne in das Loch, benutzt sie als Hebel und sprengt die Schale in Stücke.

• Die **Waldmaus** drückt die Nuss mit den Vorderpfoten an den Boden und knabbert mit ihren unteren Zähnen daran. Sobald sie das Innere erreicht hat, frisst sie es, indem sie es mit ihren unteren Schneidezähnen abschabt.

• Auch die **Rötelmaus** hält die Nuss mit ihren Vorderpfoten am Boden fest. Sie macht es umgekehrt wie die Waldmaus, hält das Ende gegen die Brust und knabbert von außen nach innen daran.

VOR DEM AUSFLUG 4
BEOBACHTEN UND ENTDECKEN 18
SPIELEN UND BASTELN 54
TIERE ERKENNEN 70

Pilze

Hier geht es nicht darum, Pilze zu bestimmen, um sie später zu essen. Vielmehr sollst du herausfinden, zu welcher Familie sie gehören. Das ganze Jahr über bleiben die Pilze um Baumwurzeln herum oder in Stämmen unsichtbar. Eines Tages schieben sie dann ihren mehr oder weniger komplexen Fruchtträger an die frische Luft, um sich fortzupflanzen.

WORAN KANNST DU PILZE ERKENNEN?

Um einen Pilz zu bestimmen, betrachtest du seine Form, Größe, Farbe und die Unterseite seines Huts.
Hat er Stacheln, Lamellen, Schläuche oder nichts von all dem? Jeder Pilz schützt seine Sporen auf seine eigene Art und verteilt sie auch jeweils anders. Man unterscheidet Schlauchpilze und Ständerpilze. Unter den Letzteren haben einige Lamellen, andere haben keine.

Die Schlauchpilze

Die Schlauchpilze haben winzig kleine Schläuche, die sich plötzlich öffnen, um die angehäuften Sporen zu verteilen. Das ist der Fall bei den Becherlingen ebenso wie bei Trüffeln und Morcheln, die hier nicht dargestellt werden, weil sie nur schwer zu finden sind.

▼ **Becherling**

Sie sehen aus wie beinlose, aneinander klebende Näpfe. Außen sind sie braungelblich, innen leuchtend rot. Im Herbst findest du den Orangenbecherling entlang den Waldwegen ausgebreitet wie Teppiche.

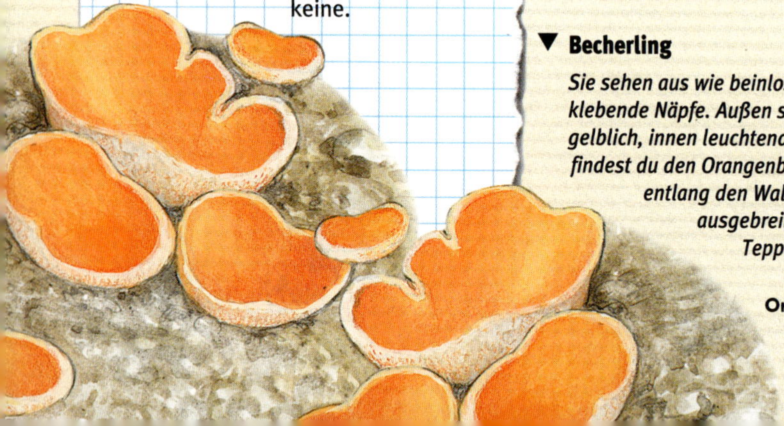

Orangenbecherling

Pilze ohne Lamellen

Alle anderen Pilze sind Ständerpilze. Sie besitzen kleine Ständerchen, das sind unter dem Mikroskop sichtbare Sporenträger, aus denen die Sporen freigesetzt werden. Die einfachsten Formen besitzen lediglich ein mehr oder weniger verzweigtes oder gefaltetes Faserbündel, auf dem sich die Sporenträger bilden.

WANN FINDEST DU SIE?

Die beste Zeit ist im Frühjahr oder Herbst, wenn der vorhergehende Monat sehr heiß und trocken war. Regnet es, ist es aber noch mild und weht kein Wind, umso besser.

Essbarer Pfifferling

Pfifferlinge ▶

Bei den Pfifferlingen ist die Fruchtschicht gefaltet, sodass sich die Sporen tragende Oberfläche vergrößert; ein Hut schützt sie vor dem Regen. Hinweis: Die Falten reichen bis an den Fuß. Das sind keine Lamellen!

Semmelstoppelpilz

Stachelpilze ▲

Die Hutunterseite der Stachelpilze ist dicht besetzt mit feinen, zerbrechlichen Spitzen (Stacheln), auf denen sich die Sporenträger bilden.

WO FINDEST DU SIE?

Da die Pilze kein Chlorophyll besitzen, können sie die von ihnen benötigten organischen Stoffe nicht selbst herstellen. Deshalb verbinden sie sich mit bestimmten Bäumen wie Eiche, Buche, Birke, Lärche. Dort musst du sie suchen. Einige Pilze sind Schmarotzer: Sie ernähren sich vom Saft eines Baums und verursachen sein Absterben. Andere leben in Symbiose: Sie beziehen die von ihnen benötigten Stoffe aus der Umgebung der Baumwurzeln und geben diesen dafür Stickstoff.

Pilze mit Lamellen

Sie besitzen die „klassische“ Form mit Fuß und Hut, der an der Unterseite mit Lamellen besetzt ist. Diese Lamellen können mehr oder weniger dicht zusammengedrängt und zahlreich sein.

Steinpilz

Echter Reizker

◀ Röhrenpilze

Röhrenpilze sind schwer und fleischig und ihre Lamellen stehen so dicht gedrängt und gepresst, dass man sie als Röhren bezeichnen kann. Einige wie der Steinpilz schmecken ausgezeichnet, andere sind giftig.

◀ Milchlinge

Milchlinge oder Reizker erkennst du an dem Milchsaft, der abgegeben wird, wenn du den Hut brichst. Sie haben körniges Fleisch wie trockenes Paniermehl und ihr Fuß ist zerbrechlich wie Kreide.

Tintlinge ▶

Tintlinge haben die Eigenschaft, sich selbst aufzulösen, indem sie ihre eigene Substanz verdauen. Sie produzieren eine Art schwarzer Tinte, in der die Sporen schwimmen. Außerdem werden sie vom Regen und nicht vom Wind verbreitet wie die anderen Arten.

Schirmpilze ▶

Schirmpilze haben einen mit Schuppen bedeckten Hut und einen oder manchmal auch zwei bewegliche Ringe.

Glimmer-tintling

Riesen-schirmling oder Parasolpilz

HEXENRING

Früher hielt man im Kreis wachsende Pilze für den Tanzplatz einer Hexe!
In Wirklichkeit breitet sich das Myzelium um eine im Boden keimende Spore unterirdisch wie ein Spinnennetz aus und die Pilze wachsen im jüngeren Teil am Rand entlang. Also ganz und gar kein Hexentanzplatz!

Giftige Pilze

Auf keinen Fall die Hände in den Mund stecken, wenn du eine giftige Art berührt hast! Hat ein Pilz einen Ring am Fuß, solltest du die Finger davon lassen! Er ist das Überbleibsel des Schleiers, in dem sich die jungen Lamellen befinden. Wird der Pilz älter, löst sich der Schleier und bildet einen Ring um den Fuß.

Satanspilz ▶

Der Satanspilz ist gewaltig, er hat einen dicken gräulichen Hut und einen rot geäderten Fuß. Das Fleisch wird nach dem Brechen schnell blau. Er verströmt einen ekligen Geruch. ***Auf keinen Fall berühren!***

Roter Fliegenpilz

◀ Knollenblätterpilze

Die Knollenblätterpilze besitzen neben ihrem Ring auch noch eine Membran, die Scheide, die sie völlig umgibt, wenn sie aus der Erde kommen. Die Scheide bleibt beim ausgewachsenen Pilz vollständig am Fuß unten erhalten oder sie hinterlässt Schuppen auf dem Hut. Aufgepasst! Der Regen wäscht manchmal die weißen Flecken auf dem Roten Fliegenpilz ab.
Sehr giftig!

Prächtiger Dickfuß

Schleierlinge ▶

Bei den Schleierlingen ist der Rest des Schleiers zu erkennen, der den Hut mit dem Fuß verbindet. Du solltest dich von allen Schleierlingen fern halten, denn einige sind ***sehr giftig, manche tödlich.***

4 VOR DEM AUSFLUG
18 BEOBACHTEN UND ENTDECKEN
54 SPIELEN UND BASTELN
70 TIERE ERKENNEN

Waldblumen

Im Unterholz sind die Schatten liebenden Blumen vor Wind, Regen und Sonne geschützt. Sie verschwinden, wenn Bäume umstürzen und sich die Bedingungen ändern. Sie bevorzugen unterschiedliche Böden: sauren, kalkhaltigen oder neutralen.

Kleines Immergrün

- *März–Juni* ← 20 cm →
- *Schattige, ton- und kalkhaltige Böden*

Es verbreitet sich dank Ausläufern. Gegenüberliegende haarlose, dunkelgrüne, harte und glänzende Blätter wie beim Liguster. Blüten mit länglicher Röhre, getragen von langen Stielen.

Roter Fingerhut

- *Juni–August* ← 1,50 m →
- *Lichtungen, Waldränder und helle Wälder, Geröll*

Die braunen und weißen Flecken in den Glockenblumen dienen bestäubenden Insekten, die von den Haaren festgehalten werden, als Landeplatz.
Achtung! Er ist sehr giftig!

Wolfsmilch

- *April–Mai* ← 60 cm →
- *Schattiger Wald, kieselhaltiger Boden*

Alle Wolfsmilcharten geben, wenn sie abgebrochen werden, einen milchigen, sehr giftigen Saft ab. Die rötlichen Stängel weisen unten dunkle Blätter in wechselseitiger Stellung auf, die wie eine Flaschenbürste aussehen. Die mit Blüten besetzten Zweige bilden eine Dolde.

Großes Windröschen

• März–April ← 10–30 cm →
• Sonne, Laubwald

Wächst teppichartig von einem Wurzelstock aus. Die tief eingeschnittenen Blätter tragen drei bis fünf Blättchen. Die einzige Blüte mit sechs Blütenblättern wendet sich stets der Sonne zu und schließt sich bei Regen.

Waldveilchen

• März–Juni ← 20 cm →
• Je nach Art saurer, neutraler oder kalkhaltiger Boden

In dieser Familie weisen die Blüten stets fünf Blütenblätter auf, die unregelmäßig angeordnet sind: vier nach oben und eines nach unten beim Stiefmütterchen; zwei nach oben und drei nach unten beim Veilchen. Am Ende eines jeden Blattstiels sind zwei kleine behaarte Spitzen, die Nebenblätter.

Waldhyazinthe

• Mai–Juni ← 20–40 cm →
• Helle Wälder mit kieselhaltigem Boden

In dieser Familie sind die Blüten glockenförmig wie das Maiglöckchen. Ihre Wurzeln enden in einer Zwiebel, die die Reserve für den Winter enthält.

BALDRIAN ODER KATZENKRAUT

Der Baldrian, auch Katzenkraut genannt, gibt einen unangenehmen Geruch ab! Er blüht im Sommer an Waldrändern oder auf feuchtem Boden nahe der Knoblauchrauke. Reißt man ihn mit den Wurzeln aus, merkt man, dass der Geruch, der Katzen anzieht, von den Wurzeln kommt. Baldriansäure wird in Medikamenten verarbeitet.

VOR DEM AUSFLUG 4
BEOBACHTEN UND ENTDECKEN 18
SPIELEN UND BASTELN 54
TIERE ERKENNEN 70

Feigwurz

- *März–Mai* ← 20 cm →
- *Frische, feuchte Wälder (Eiche und Weißbuche)*

Bildet Teppiche aus goldgelben Blüten. Sie haben ein dunkles Herz und ähneln Sternen. Die Pflanze besitzt zahlreiche Brutknöllchen, die im Mittelalter gegessen wurden.

Storchschnabel

- *Mai–Oktober* ← 10–50cm →
- *Feuchte, schattige Wälder; Schutthalden*

Diese Wildgeranie riecht sehr schlecht. Ihr haariger Stängel und die Blätter sind rot gefärbt. Die rosa Blüten sind winzig klein.

Einbeere

- *April–Mai* ← 30 cm →
- *Feuchte Laubwälder*

Vier kreuzförmige Blätter präsentieren in der Mitte wie auf einem Teller eine eigenartige Blüte mit langen grünen Blütenblättern. Daraus wird eine schwarze Frucht. **Aufgepasst! Die ganze Pflanze ist giftig.**

Echter Ehrenpreis

- *Juni–August* ← 30 cm →
- *Trockener Boden*

Bildet oft Teppiche. Haariger Stängel mit gegenüberliegenden, gezahnten Blättern. In der Blattachsel befinden sich die Blüten mit vier hellblauen, kreuzförmigen Blütenblättern. Sie sind traubenförmig angeordnet.

Maiglöckchen

- ***April–Juni*** ← 25 cm →
- ***Schattige Laubwälder***

Es überwintert mit Hilfe eines kriechenden Wurzelstocks, aus dem in jedem Frühjahr der Stängel, besetzt mit zwei langen ovalen Blättern, hervorkommt. Ihre vier bis acht glöckchenförmigen, weißen Blüten duften stark. Man pflückt sie am 1. Mai. Lässt man die Blätter stehen, erzeugt der Wurzelstock jedes Jahr neue Füße. **Rote, sehr giftige Beeren.**

Glockenblume

- ***Juni–August*** ← 1,20 m →
- ***Sonnige Laubwälder und Waldränder***

Eine schlanke Pflanze mit schmalen Blättern. Große blaue Glocken, die ebenso lang wie breit sind (4 cm).

Goldnessel

- ***April–Juli*** ← 60 cm →
- ***Frische, schattige Laubwälder***

Die Lippenblüter (Lamium-Familie) erkennt man an ihrer Blumenkrone mit zwei Lippen und dem quadratischen Stängel. Man könnte sagen, ein geöffneter Schlund mit einer braun gefleckten Zunge. Zerdrückt man die Blätter, riechen sie schlecht. Sie ähneln denen der Distel, aber sie stechen nicht.

DIE EXPLOSIVEN KAPSELN DES RÜHRMICHNICHTAN

Die Früchte der Waldbalsamine ähneln kleinen Gurken. Sobald die Kapseln reif sind, platzen sie bei der leichtesten Berührung und schießen ihre schweren Körner ab. Dabei drehen sich die fünf Ventile wie eine Uhrfeder. Sehr komisch!

4 VOR DEM AUSFLUG
18 BEOBACHTEN UND ENTDECKEN
54 SPIELEN UND BASTELN
70 TIERE ERKENNEN

Büsche

Oft bemerkt man die Büsche gar nicht. Sobald sie mit kleinen schwarzen oder roten Beeren bedeckt sind, ziehen sie viele Vögel und Nagetiere an. Sie werden nicht höher als 7 m. Um sie zu bestimmen, musst du auf ihre Blätter und Früchte schauen.

◀ Schwarzer Holunder

• ***Früchte im August–September; essbar, wenn sie richtig reif sind***

Seine Blätter sind oben dunkel und unten auf den Rippen behaart. Die glänzenden Früchte ziehen Vögel an. Ist der Busch jung, hat er eine helle Rinde mit großen weißlichen Flecken. Später wird die Rinde braun und bekommt längliche Risse. Die Zweige färben sich rötlich, sobald die Früchte gereift sind.

Echter Kreuzdorn ▶

• ***Früchte im September–Oktober; nicht essbar***

Am äußeren Ende seiner Zweige hat er Dornen. Seine hellen, fein gezahnten Blätter stehen sich beinahe direkt gegenüber. Die völlig runden, grünen Früchte werden schwarz, wenn sie reif sind.

EINE RÖHRE FÜR ALLES

Schneidet man einen Holunderast ab, sieht man, dass er mit Mark gefüllt ist. Es lässt sich mit einem Draht entfernen, sodass du daraus ein Blasrohr oder eine Flöte basteln kannst.

VOR DEM AUSFLUG 4
BEOBACHTEN UND ENTDECKEN 18
SPIELEN UND BASTELN 54
TIERE ERKENNEN 70

Geißblatt ▶

• ***Duftende Blüten von Mai–Juli***

Diese feine Liane rollt sich im Uhrzeigersinn um Bäume. Nachts gibt sie einen betäubend süßen Duft ab, der Schmetterlinge anzieht. Man kann Wäsche mit ihrem Duft parfümieren, indem man Blütenblätter mit Salz vermischt ins Wasser gibt.

◀Schwarzdorn – Schlehe

• ***Früchte im Oktober; nicht essbar***

Er verdankt seinen Namen den schwarzen Dornen, die am Ende seiner Zweige sitzen. Früher hat man aus seinen Früchten (Schlehen) Schnaps und Sirup hergestellt. Sie umgeben einen runzligen Kern, der am Fruchtfleisch haftet. Das Holz ist hart.

Roter Hartriegel ▶

• ***Früchte reifen im September; nicht essbar***

Er ist dank seiner roten Zweige leicht zu erkennen. Seine Steinfrüchte (kleine Kirschen) sind anfangs grün. Im Herbst werden sie rot, nach der Reife blauschwarz. Sie enthalten einen glatten, 2-samigen Steinkern.

VITAMINREICH UND GESUND

Wegen ihres hohen Gehalts an Vitamin C wurden die reifen Früchte des Roten Hartriegels früher gern zu Säften und Marmeladen verarbeitet.

◀ **Stechpalme**

• ***Früchte reif von Juli bis zum Frühjahr des nächsten Jahres; nicht essbar***
Man erkennt sie leicht an ihren Blättern, die sie das ganze Jahr über behält. Die kleinen Früchte sind anfangs grün, dann rot. Eine Stechpalme kann über 300 Jahre alt werden. Bei einigen ist die Basis weiblich, bei anderen männlich.

◀ **Gemeiner Schneeball**

• ***Früchte im August–September; nicht essbar***
Seine Blätter ähneln denen des Ahorns und die roten Früchte haben einen rosa Kern. Auf keinen Fall essen, denn sie verursachen Erbrechen. Sogar die Vögel verschmähen sie, deshalb bleiben sie an den Zweigen!

Weißdorn ▼

• ***Früchte reif von September bis Oktober; essbar***
Es gibt zwei Weißdornarten. Beide besitzen starke Dornen und weiße Blüten. Die Früchte in einem lebhaften Rot sind bei der einen Art rund, bei der anderen eher elliptisch. Aus ihnen wird Marmelade gemacht.

Eberesche ▲

• ***Früchte im August–September; nicht essbar***
Die roten Beeren bilden kugelartige Trauben. Die Beeren erfreuen sich bei den Vögeln großer Beliebtheit.

Wilder Rosenstrauch ▶

• *Früchte im September; essbar*

Der zur Familie der Rosengewächse gehörende Wilde Rosenstrauch besitzt Zweige mit stark gebogenen Stacheln. Die Früchte befinden sich in einer roten Hülle: der Hagebutte, aus der man Marmelade herstellte. Heute wird aus dieser Frucht Farbe gewonnen. Im Reifezustand sind am Fruchtende Reste der trockenen Blütenblätter zu erkennen.

ZUM JUCKEN!

Ein Hinweis für Spaßvögel! Die geöffneten Früchte des Wilden Rosenstrauchs jucken ganz kräftig. Steckt man sie jemandem in den Kragen, ist der Lacherfolg garantiert.

Berberitze ▶

• *Früchte im August–September; essbar*

An den langen Zweigen sitzen in drei Richtungen weisende Stacheln. In der Achsel jeder Stachelgruppe befindet sich ein Büschel ovaler, gezahnter Blätter und eine Traube herabhängender gelber Blüten. Sie verwandeln sich in ovale rote Beeren, aus denen Marmelade und Sirup hergestellt werden.

◀ EIN BAUM FÜR SCHMETTERLINGE

Von Mai bis Juni ziehen die Blüten des Sommerflieders viele Schmetterlinge an. Hat man sie einmal entdeckt, kann man sich an ihrem steten Ballett erfreuen.

VOR DEM AUSFLUG 4
BEOBACHTEN UND ENTDECKEN 18
SPIELEN UND BASTELN 54
TIERE ERKENNEN 70

Körner und Früchte

Kannst du dir etwas Köstlicheres vorstellen als frisch gepflückte Himbeeren oder Walderdbeeren? Wenn du Früchte pflückst, darfst du nur solche nehmen, die du kennst oder sicher bestimmen konntest! Denn einige sind gefährlich. Außerdem sollten sie richtig reif sein.

◀ Edelkastanie

• ***September–November***

Ernte nach einer Frostnacht und an einem windigen Tag. Die stachlige Fruchtschale, die zu Boden gefallen ist, dürfte sich in vier Teile gespalten haben, und die Frucht, auch als Esskastanie bezeichnet, herausgefallen sein. Man isst sie geröstet (Maronen). Die Früchte der bei uns weit verbreiteten Rosskastanie sind nicht genießbar!

◀ Haselnüsse

• ***September***

Man knackt die Schale, um die Nuss zu essen, aus der auch Öl gewonnen wird. Die Nussbaumzweige, auch Ruten genannt, werden zum Korbflechten verwendet. Aus dem Holz fertigt man Stiele für Werkzeuge. Man kann daraus auch kräftige Wanderstäbe machen.

GELEE AUS ROTEN FRÜCHTEN

- Früchte wie Brombeeren, Johannisbeeren, Himbeeren und Schwarze Johannisbeeren kochen, bis sie aufplatzen.
- Alles wiegen, danach halb so viel braunen Zucker bereitstellen.
- Durch ein Sieb passieren, um Körner und Haut zu entfernen.
- Anschließend zusammen mit dem Zucker und Zitronensaft in einem offenen Topf 30 Minuten köcheln lassen.
- Abschmecken, um sicherzustellen, dass es genug Zucker enthält.
- Das Gelee in saubere Konfitürentöpfe geben und erkalten lassen.

◀ Mispeln

• *Oktober*

Die Mispelfrucht enthält drei bis fünf rötliche Körner. Sie ist birnenförmig, an ihren Enden sitzen Reste getrockneter Blütenblätter. Zwar kann man die Früchte nicht gleich essen, doch nach vierzehn Tagen sind sie essbar. Dann kann man sie entweder kandieren oder zu Marmelade verarbeiten.

Brombeeren ▶

• *August–Oktober*

Sie ähneln Himbeeren, sind aber erst essbar, wenn sie richtig schwarz geworden sind. Aufgepasst! Die dornigen Stängel des Brombeerstrauchs können die Haut ritzen, sogar Kleider zerreißen!

Walderdbeeren ▼

• *Juni–August*

Sobald die weißen Blütenblätter abfallen, verwandelt sich die Mitte jeder Blüte in eine köstliche Erdbeere. An ihrer Oberfläche sind kleine trockene Früchte, die Achänen, zu sehen, die je ein Korn umschließen. Aus den Blättern wird chinesischer Tee hergestellt.

VORSICHT VOR VERUNREINIGTEN FRÜCHTEN!

Grundsätzlich solltest du nur Beeren pflücken, die mindestens 20 cm über dem Boden wachsen. Beeren, die weiter unten hängen, sind möglicherweise vom Urin und Kot von Füchsen verunreinigt. Seine Ausscheidungen können Bandwurmeier enthalten.

Bäume

Sie sind immer da: majestätisch und riesig. Bäume strahlen Ruhe und Stärke aus. In Deutschland gibt es etwa fünfzig Arten, die sich in zwei Gruppen teilen: in Laubbäume, die im Herbst ihr Laub abwerfen, und in die meist immergrünen Nadelbäume.

Laubbäume

Ihre flachen, großen Blätter fallen meistens im Herbst ab. Um eine Art zu erkennen, musst du dir zunächst ihr Erscheinungsbild einprägen. Danach betrachtest du die Form der Blätter und wo sie am Zweig sitzen, ebenso die Beschaffenheit der Rinde und die Früchte.

◀ Sommereiche

Unter den zehn Eichenarten in Europa ist die Sommereiche die häufigste. Ihre lappigen Blätter sind wechselständig. In Notzeiten ersetzten Eicheln Kaffee und Mehl.

◀ Buche

Die Buche liebt es feucht und schattig. Früher stopfte man mit ihren trockenen Blättern Matratzen aus. Ihre Früchte bestehen aus einem Paar Bucheckern in einer stachligen Schale. Das Öl wurde früher zur Beleuchtung verwendet.

◀ Weißbuche

Die Weißbuche liebt Schatten. Ihre Blätter sind doppelt gezahnt wie eine Säge und gerippt wie Wellblech. Ihre kleinen trockenen Früchte hängen an einem leichten Flügel, den der Wind davonträgt.

◀ Ahorn

Im Herbst werden die Blätter des Ahorn gelb und rot. In Deutschland kommt er mit sechs Arten vor. Man stellt Geigen und Möbel aus seinem Holz her. Seine Frucht besitzt zwei kleine Flügel; damit fliegt sie wie ein Hubschrauber im Wind.

◀ Edelkastanie

Der Kastanienbaum wird im Herbst gelb. Eine stachlige Fruchtschale umhüllt seine Kastanien. Im Sommer sind die Kätzchen der männlichen Blüten zu sehen. Das Holz dieses Baums dient zum Bau von Treppen, Tonnen, Parkett und Möbeln.

◀ Birke

Die Birke, ein Baum, der auf armen Böden wächst, erkennst du sofort an der weißen Rinde, die sich in schmalen waagerechten Streifen löst. Die Blätter mit den gesägten Rändern sind je nach Art entweder dreieckig oder rautenförmig. Ihre kleinen mit einem Flügel versehenen Samen sind in ein hängendes Kätzchen gezwängt. Wenn es reif ist, setzt es die Samen frei.

VORLIEBE FÜR SAURE BÖDEN

Kastanie, Birke, Fichte, Gemeine Kiefer und Strandkiefer bevorzugen im Allgemeinen saure Böden. Da weißt du gleich, in welcher Art Wald du dich befindest.

◀ Esche

Die Esche liebt mineralienreiche Böden. Im Herbst fallen ihre grünen Blätter früh und hinterlassen an den Zweigen große Wunden. Die Früchte hängen den Winter über am Baum.

4 VOR DEM AUSFLUG
18 BEOBACHTEN UND ENTDECKEN
54 SPIELEN UND BASTELN
70 TIERE ERKENNEN

Nadelbäume

Sie behalten ihre Blätter in Form von Nadeln mehrere Jahre. Ihr Stamm ist bis zum Gipfel gerade. Sie erzeugen Harz und ihre Früchte sind Zapfen.

◀ Waldkiefer

Die Waldkiefer braucht zum Wachsen sehr viel Licht. Ihre Rinde ist oben am Stamm orangefarben. Die bläulich grünen Nadeln sind um sich selbst gedreht.

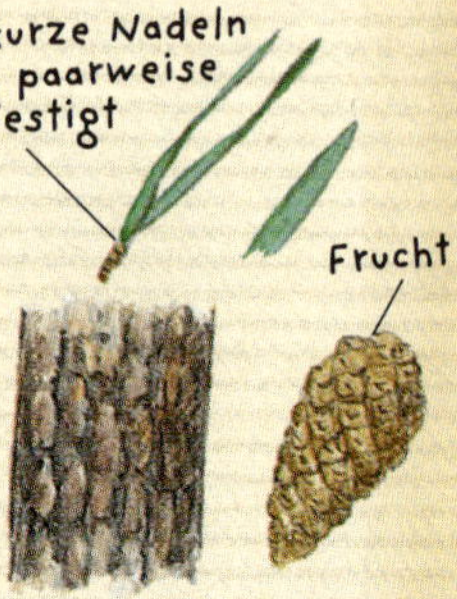

◀ Edeltanne

Bei der Edeltanne sind die Nadeln wie die Zähne eines Kamms angeordnet. Auf ihrer Rinde erkennst du viele kleine Harztröpfchen. Ihre Zapfen fallen nie ab, stattdessen lösen sie sich im Herbst am Baum selbst so auf, dass nur eine nackte Achse zurückbleibt.

◀ Fichte

Die Fichte ist unser Weihnachtsbaum. Reibst du an ihrer Rinde, fallen kleine Schuppen ab. Ihre Nadeln sitzen rund um den ganzen Zweig herum.

WIE ALT IST DER WEIHNACHTSBAUM?

Du zählst die Anzahl der Astkränze, auch die der abgestorbenen unten. Für die ersten Jahre, die keine Spur hinterlassen, gibst du noch zwei oder drei Jahre dazu. Auf diese Weise erhältst du das Alter der Fichte.

◀ Lärche

Die Lärche ist die Ausnahme, die die Regel bestätigt: Dieser Nadelbaum verliert seine Nadeln im Winter. Dagegen bleiben seine kleinen Zapfen lange erhalten. Die Nadeln sind biegsam, fein und weich.

EIN KLEINES EXPERIMENT

Um eine **Fichte** von einer **Tanne** zu unterscheiden, reißt du behutsam eine Nadel ab und schaust, was dabei passiert: Bei der Fichte geht mit der Nadel ein Stück Rinde ab, bei der Tanne nicht.

WIE MISST DU DIE HÖHE EINES BAUMES?

Du nimmst einen Stock und hältst ihn senkrecht zum Baum. Dann gehst du rückwärts, bis die Stockspitze auf derselben Höhe wie der Baumgipfel ist. Halt! Die Entfernung zum Baum entspricht nun seiner Höhe.

4 VOR DEM AUSFLUG
18 BEOBACHTEN UND ENTDECKEN
54 SPIELEN UND BASTELN
70 TIERE ERKENNEN

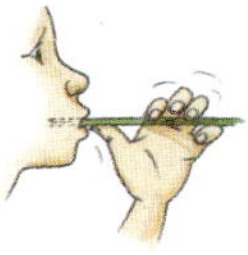

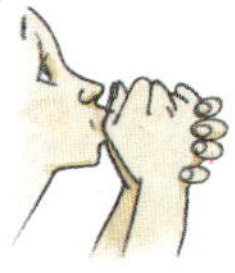
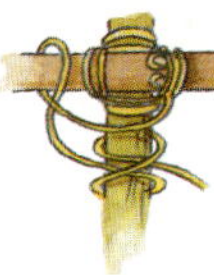
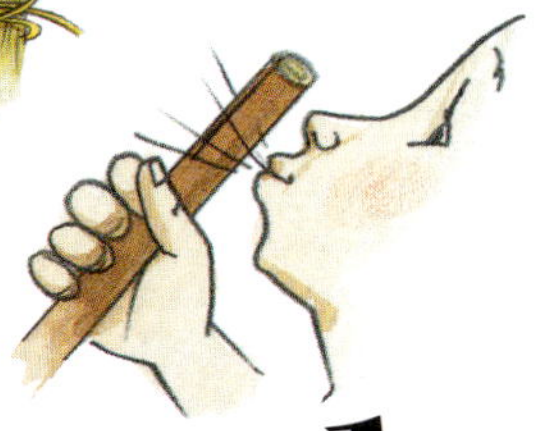

Spielen und basteln

Auf jedem Ausflug sollten Pausen eingelegt werden. Die Zeit bleibt dann stehen. Du nimmst Gerüche, Geräusche und die Farben des Walds wahr. Bei Spielen entdeckt ihr, wie faszinierend der Wald ist. Gute Gelegenheit, um Lupe und Fernglas einzusetzen. Die Großen bauen eine Hütte oder stellen Holzspielzeug her. Die anderen beobachten vielleicht Ameisen, ahmen Geräusche nach, suchen einen Schatz …

In der Natur basteln

Ist man eine Weile gewandert, meldet sich der Hunger. Dann heißt es, eine geeignete Stelle für ein Picknick zu suchen. Jeder findet sein Plätzchen: auf einem Stein, Baumstumpf oder dem weichen Waldboden. Sobald sich alle gestärkt haben, wird ausgeschwärmt: zum Basteln, Bauen, Spielen ... Im Wald kommt man auf viele Ideen!

Zuerst das Picknick!

Sandwich, Salat, Chips, Tomaten, Käsestangen … Alles schmeckt gut, wenn man draußen mit den Fingern isst! Nach dem Essen wird herumgetobt und gespielt. Nicht vergessen die Abfälle mitzunehmen, damit der Platz sauber bleibt! Der Wald ist keine Müllkippe!

KEIN FEUER!

Achtung! Es ist verboten, im Wald ein Feuer anzuzünden. Das wäre viel zu gefährlich. Die Wälder, die dennoch jeden Sommer abbrennen, sollen uns eine Warnung sein.

ABFÄLLE HABEN EIN LANGES LEBEN

Nein! Man versteckt weder die Alufolie noch die Thunfischdose hinter einem Stein. Entweder fliegt der Müll schon beim kleinsten Luftzug durch die Gegend oder er bleibt Jahre lang liegen und verschmutzt den Wald ...

EIN ZWERGKREISEL

Mit einer Eichel kannst du einen Zwergkreisel basteln.

❶ *Eine Eichel parallel zur Cupula in zwei Teile schneiden.*

❷ *Sie verzieren, dann in die Mitte ein hartes, spitzes Reisig stecken.*

❸ *Die Eichel wie einen Kreisel so lange wie möglich zum Drehen bringen.*

DER WANDERSTOCK

Ein Wanderstock ist eine tolle Sache. Stützt man sich beim Wandern darauf, ermüdet man weniger. Mit einem Stock kann man sich auch einen Weg zwischen den Büschen bahnen, eine Wasserpfütze ausloten oder den Boden eines Baus abtasten. Am besten nimmst du dazu ein Stück hartes Holz. Der Gelbe Hartriegel ist zwar fest, aber schwer; die Triebe eines Haselstrauchs sind schön gerade und leicht. Er sollte so lang sein, dass dein Unterarm einen rechten Winkel bildet, wenn du ihn hältst. Mit einem Taschenmesser kannst du noch die Rinde verzieren.

BOGEN UND PFEILE

Für einen biegsamen, aber festen Bogen nimmst du den Ast einer Esche oder eines Haselstrauchs. Damit die Sehne hält, musst du oben und unten je eine Kerbe anbringen. Die jungen Triebe des Haselstrauchs eignen sich auch für die Pfeile. Die Rinde wird mit dem Messer verziert.

Den Bogen so biegen, dass die Sehne ungefähr 20 cm von der Bogenmitte entfernt ist.

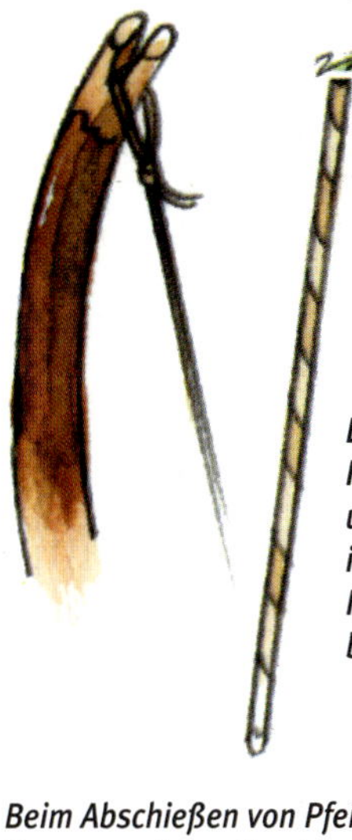

Einen festen Knoten binden, um die Sehne in den beiden Kerben zu befestigen.

Beim Abschießen von Pfeilen nie auf Personen zielen: Das könnte gefährlich sein!

Grüne Musik

Mit Eicheln, durchlöcherten Nüssen, Blättern, Gräsern oder nur einfach mit den Händen kann die ganze Familie verschiedene Töne erzeugen. Macht etwas mehr Spaß, als so lange zu üben, bis man damit den Schrei des Waldkauzes oder auch das Pfeifen einer flüchtenden Amsel nachahmen kann?

FLÖTE

Ein fingerdickes, 10 cm langes Stück Grünholz von einem Haselstrauch oder einer Pappel suchen.

❶ An einem Ende einen 3 cm langen Spalt einritzen und ein entlang der Mittelrippe gefaltetes Efeublatt hineinschieben.

❷ Alles, was vorsteht, abschneiden und von der Seite hineinblasen, sodass das Blatt vibriert …

LÖWENZAHN-OBOE

Einen Löwenzahnstängel unterhalb der Blüte abknipsen.

❶ Dann das abgeknipste Ende zusammendrücken, sodass ein „Oboen-Rohrblatt“ entsteht.

❷ Mit ein oder zwei zusätzlichen Löchern erhält man mehrere Töne.

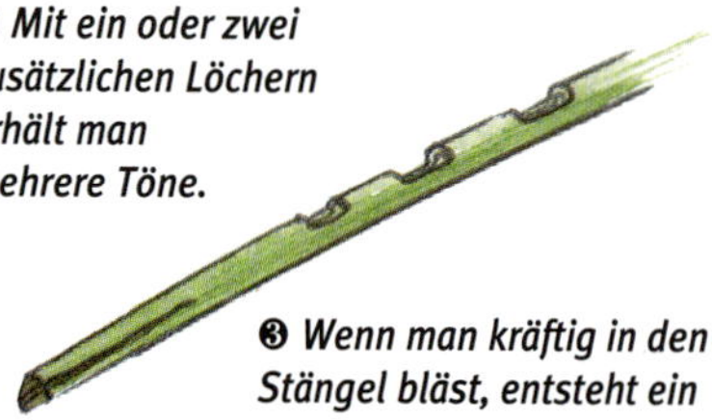

❸ Wenn man kräftig in den Stängel bläst, entsteht ein schöner Ton! Vorsicht: Den weißen Milchsaft, den der Stängel ausscheidet, darfst du nicht verschlucken!

WALDKAUZ-SCHREI

Im Februar während der Balzzeit kann man einen Waldkauz herbeilocken, indem man seinen Schrei nachahmt.

❶ Die beiden Daumen parallel gegeneinander drücken, gleichzeitig bilden die Handflächen eine Kugel.

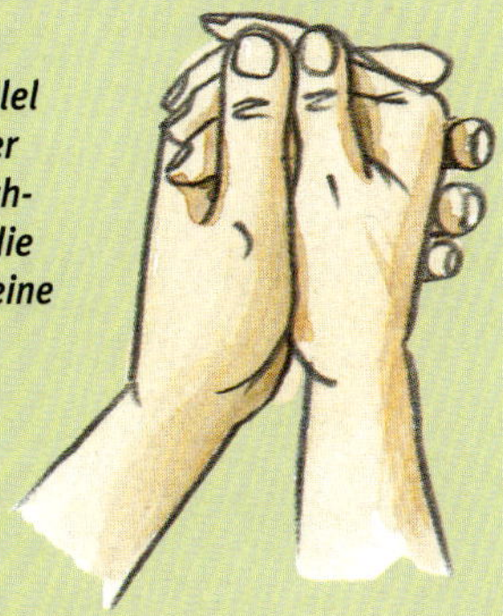

❷ Behutsam durch den Spalt zwischen den beiden Daumen blasen.

GRASPFEIFE

Einen langen, flachen, scharfen Grashalm pflücken.

❶ Ihn zwischen die parallel gehaltenen Daumen legen und straff spannen.

❷ In den Spalt blasen. Beim Vibrieren erzeugt das Gras ein starkes Pfeifen. Du darfst niemandem direkt ins Ohr blasen: Das könnte gefährlich sein!

MIT EINER EICHEL

Den Fruchtbecher einer Eichel zwischen Zeige- und Mittelfinger klemmen. Eine Faust machen und von der Seite hineinblasen. Dabei entsteht ein schöner, sanfter Ton.

Spiele im Wald

In der Natur erlebt man die Dinge nicht nur mit dem Kopf, sondern nimmt sie mit allen Sinnen wahr. Auf spielerische Weise kannst du den Wald am besten entdecken, seine Geräusche, Gerüche, Formen ...

Riechen oder berühren

Einem Mitspieler werden die Augen mit einem Schal verbunden. Dann bekommt er drei Gegenstände aus dem Wald (Blatt, Rinde, Pilz, Holzstück, Stein ...) vorgehalten, an denen er riecht oder die er berührt. Bevor er den Schal abnimmt, werden diese Gegenstände zwischen 15 anderen, die alle auf einem Tuch liegen, versteckt. Dann muss er die drei Gegenstände wieder finden und ähnliche im Wald suchen. Eine lustige Schatzsuche ...

Von unten gesehen

Während der Mittagsruhe macht es viel Spaß, den Wald aus einem anderen Blickwinkel zu betrachten. Du kannst dich auf den Rücken legen und den Himmel betrachten. Das Blattwerk der Bäume verdeckt ihn: nur wenig, viel oder beinahe ganz? Du kannst Geräuschen lauschen und sie zählen ...

Jedem seinen Baum

Einem Mitspieler werden die Augen verbunden und dann wird er zu einem Baum geführt, mit dem er sich vertraut macht: Er riecht am Baum, berührt seine Rinde und umfängt ihn mit den Armen, um seine Größe abzuschätzen. Dann wird er auf einem Umweg zum Ausgangspunkt zurückgeführt. Man nimmt ihm nun die Augenbinde ab und fordert ihn auf den Baum mit unverbundenen Augen wieder zu finden.

Wenn ich ... wäre

Immer der gleiche Mensch zu sein ist langweilig. Spielt man aber etwas anderes zu sein, sieht die Welt einmal ganz anders aus. Ihr braucht nur die Augen zu schließen und eure Phantasie spielen zu lassen. Man wird ein Samen des Löwenzahns, der davonfliegt, oder ein Baum mit Wurzeln, der seine Äste in den Wind hält. Oder man ist ein junger Fuchs, der zum ersten Mal seinen Bau verlässt, oder ein Raubtier, das eine Waldmaus fängt.

DAS „HERZ" EINES BAUMS SCHLAGEN HÖREN!

Ein Baum lebt: Er atmet, nimmt Nahrung zu sich, wächst ... Der Saft des Baums fließt in „Röhren" – ähnlich wie das Blut in unseren Adern. Mit einem einfachen Stethoskop kannst du hören, wie ein Baum lebt. Am besten eignet sich eine Birke, eine Esche oder eine Buche dafür, weil sie eine dünne Rinde haben. Im Frühjahr hörst du, wenn du das Bruststück fest an den Stamm hältst, ein Krachen, Knirschen und vielleicht sogar den Saft aufsteigen ...

VOR DEM AUSFLUG 4
BEOBACHTEN UND ENTDECKEN 18
SPIELEN UND BASTELN 54
TIERE ERKENNEN 70

Eine Hütte bauen

Vielleicht habt ihr Lust, euch auf einem schönen Platz eine Hütte zu bauen. Sie muss einfach und schnell zu errichten sein, damit ihr auch genügend Zeit habt, darin zu spielen, und nicht allzu traurig seid, wenn ihr sie wieder verlassen müsst. Die nächsten Waldforscher sind sicher entzückt sie wieder herzurichten …

DER BAUPLATZ

Zunächst sucht ihr euch einen Platz, der euch gefällt und für den Hüttenbau geeignet ist: Vielleicht unter einem einzeln stehenden Baum auf einer kleinen Lichtung. Dann suchen alle in der näheren Umgebung nach dürren Ästen und Zweigen. Schnüre und Messer bereithalten.

DAS GERÜST

Ihr beginnt damit, immer zwei gerade Äste zu einer Gabel zusammenzubinden. Anschließend bindet ihr oben als Firststange einen Ast in diese Gabeln. Schon ist das Grundgerüst fertig.

GUT VERKNOTEN!

So verbindet ihr zwei Äste in Kreuzform: Die Schnur an einer Stange gut verknoten und dann mehrfach fest um beide Stangen schlingen. Zum Schluss einen Doppelknoten machen.

DIE QUERSTANGEN

Ihr befestigt einige Querstangen an den Seiten, die mit Knoten an den Gabelstangen festgemacht werden. Danach werden zwischen die Querstangen noch einige dünnere Ruten geflochten, die abwechselnd vor und hinter den Gabelstangen verlaufen. Das hält dann prima!

DIE DACHBEDECKUNG

Zum Schluss bedeckt ihr das gesamte Gerüst mit Farnen oder zusammengebundenen Grasbündeln. Denkt daran, ein Fenster und eine Tür auszusparen!
Bittet die Kleinen in der Familie einen weichen Teppich aus Laub und Gras zu machen, damit es gemütlicher in der Hütte ist.

SCHMUCK AUS DER NATUR

Zunächst müsst ihr längliche, einfach geformte Blätter mit langen Stielen suchen. In die Mitte eines jeden Blatts ein kleines Loch machen, in das der Stiel des vorherigen Blatts kommt. So werden sie nacheinander aufgereiht, bis man eine Krone hat. Auch mit Früchten (Wilder Rosenstrauch, Ahorn oder Spindelstrauch) oder sogar mit Holzscheiben könnt ihr hübsche Ketten in allen Farben herstellen.

Schätze sammeln

Ein schönes goldfarbenes Blatt, ein seltsam geformter Stein, ein angeknabberter Zapfen, eine abgestreifte Schlangenhaut: Solche Funde sind tolle Schätze, die du gut aufheben musst. Welch nette Erinnerungen!

Sammelsucht

Findest du eine Feder, einen Stein, ein schönes Blatt, dann willst du dies auch mit nach Hause nehmen. Aber du musst die Dinge gut aufheben, sonst gehen sie verloren. Deshalb klebst du sie in ein Heft oder bringst sie in einer kleinen Schachtel unter. Notiere, woher jeder Fund stammt, eventuell auch den Namen. Ein Schatz ist etwas Kostbares!

EIN HERBARIUM

Um Bäume zu bestimmen, legst du dir am besten für jede Baumart extra Blätter an, die du in einer Mappe sammelst. Auf jedes Blatt zeichnest du die Form einer Baumart und klebst ein Blatt, Samenkörner und ein Stück Rinde ein ... Damit die Farben nicht ausbleichen, musst du die Blätter vor Luft und Licht schützen, indem du jedes in eine Klarsichthülle steckst und die Mappe verschlossen aufbewahrst.

Steine

Zwar ist ihre Bestimmung oft schwer, aber einige sind so schön, dass man Lust bekommt, sie zu sammeln. Du kannst sie nach groben Kategorien ordnen. Felsen bestehen aus verschiedenen, mehr oder weniger feinen Mineralien, die man unter der Lupe erkennt.

Vulkangestein entsteht, wenn Lava abkühlt (zu Granit, Basalt, Tuff). Also muss es am Fundort einst einen Vulkan gegeben haben!

• ***Granit** besteht aus (durchsichtigem) Quarz, (schwarz glänzendem) Glimmer und anderen Mineralien.*

Granit

• ***Basalt** ist schwarz mit sehr feinen, manchmal kleinen grünen Olivinkörnern. Er enthält keinen Quarz.*

Basalt

Sedimentgestein stammt aus Ablagerungen, die sich vor langer Zeit am Boden von Gewässern angesammelt haben (als Kalk, Sandstein, Ton). Findet man sie irgendwo, bedeutet es, dass dort ein Gewässer war, das seit langem verschwunden ist. Manchmal findet man auch Fossilien.

• ***Kalk** wirft Blasen, wenn er mit Essig in Berührung kommt. Er hinterlässt wie Kreide eine weiße Spur, wenn man mit einem kleinen Stück schreibt.*

• *Ein **Fossil** ist der Abdruck eines Tiers oder einer Pflanze, der sich im Sedimentgestein erhalten hat.*

Metamorphes Gestein entsteht, wenn sich ein Gestein unter Einwirkung von Hitze umformt (wie Schiefer, Marmor ...).

Schiefer

• ***Schiefer** ist durch Hitze umgeformter Ton. Er ist schwarz und besteht aus geschichteten Plättchen.*

4 VOR DEM AUSFLUG
18 BEOBACHTEN UND ENTDECKEN
54 SPIELEN UND BASTELN
70 TIERE ERKENNEN

Fleißige Ameisen

Was ist das für ein großer Haufen Tannennadeln? Beim Näherkommen zeigt sich, dass es hier nur so wimmelt: Ameisen bei der Arbeit! Dir bietet sich eine gute Gelegenheit, durch ein paar kleine Versuche einiges über das Leben in einem Ameisenhaufen zu erfahren.

Geheimnisvoller Hügel

Man folgt am besten den Sammlerinnen, die bei ihrer Suche nach Nahrung die Umgebung erforschen. Sie finden ihr Nest wieder, indem sie im Gänsemarsch Geruchspfaden folgen. Kommt man näher, so kann man erkennen, welchem Ameisentyp jede angehört. Was für ein eifriges Hin und Her!

*Draußen schaffen die **Sammlerinnen** die Nahrung herbei.*

*Die **Arbeiterinnen** bringen Material für eine Reparatur des Nests. Zu mehreren sind sie fähig, das 60fache ihres Gewichts zu tragen!*

*Die **Ernährerinnen** betreuen die Kokons: Dicke beherbergen Larven mit einem bestimmten Geschlecht, aus den kleineren schlüpfen Arbeiterinnen.*

*Die **Ameisen mit Flügeln** sind die Prinzen und Prinzessinnen, die es nur wenige Monate im Jahr gibt. Sie fliegen im Sommer zur Paarung und Gründung einer neuen Kolonie davon. Nur die Königin trägt für die Eiablage Sorge. Sie sieht man nicht, denn sie lebt tief verborgen im Ameisenhaufen. Die Königin ist die Mutter aller Ameisen in einem Staat.*

ALLGEMEINER ALARM!

Sobald du dich einem Ameisenhaufen näherst, schlagen die Arbeiterinnen draußen Alarm, aufmerksam gemacht durch die Bodenerschütterungen: Sie sondern Duftstoffe ab, so genannte Pheromone, die die anderen Ameisen mit ihren Antennen auffangen. Achte auf die Wächterinnen: Sie eilen zur Verstärkung herbei! Hältst du eine Hand an den Haufen, spritzen sie aus ihrem Hinterleibsende Ameisensäure. Du nimmst den Geruch wahr, er sticht in die Nase! Andere Ameisen versuchen, mit ihren Kiefern zu beißen. Das tut aber nicht weh.

- *Legst du ein Papiertaschentuch erst auf den Ameisenhaufen und danach 10 m weiter auf den Boden, zieht es viele Ameisen an: Es ist mit Duftbotschaften getränkt!*

- *Eine blaue Blume (z. B. eine Glockenblume) auf den Ameisenhaufen legen; nach 5 bis 10 Min. ist sie rosa geworden! Die von den Ameisen ausgeschiedene Ameisensäure hat die Blüte entfärbt.*

- *Rund um das Nest herum siehst du von der Säure verbrannte Blätter. So befreien die Ameisen die Zugänge von Gräsern.*

- *Steckst du eine Ameise in ein kleines Glas, lagert sich die ausgeschiedene Säure als feuchter Beschlag an den Wänden ab.*

- *Steckt man Ameisen aus benachbarten Nestern in eine Schachtel, sind sie anfangs ganz aufgeregt. Dann lernen sie sich kennen, indem sie sich mit ihren Antennen berühren.*

- *Bei sonnigem Wetter suchen die Arbeiterinnen die Schattenseite des Ameisenhaufens. Schafft man eine neue Schattenzone, kann man sehen, wie die Ameisen ihren Platz wechseln.*

- *Manchmal sitzen Ameisen auf einer Blattlauskolonie. Das ist völlig normal! Ameisen züchten die Blattläuse wie wir Kühe, um ihren Honigtau zu melken.*

- *Du kannst die Ameisen, die in einer Minute vorüberkommen, zählen und das Ergebnis auf 1 Stunde umrechnen. Ganz schön belebt, diese Autobahn! Begegnen sie sich, „grüßen" sie sich immer mit ihren Antennen!*

VOR DEM AUSFLUG 4
BEOBACHTEN UND ENTDECKEN 18
SPIELEN UND BASTELN 54
TIERE ERKENNEN 70

Beobachtungen in der Natur

Hält der begeisterte Naturforscher im Wald einen Augenblick lang inne, kann er mühelos seine Umgebung untersuchen. Denn es ist leicht, Insekten zu sammeln, das Alter eines Baums abzulesen oder Fichtenzapfen über die Luftfeuchtigkeit zu befragen, wenn man es richtig macht.

Wie alt ist er?

Das Holz enthält kleine Kanäle, in denen der Saft fließt. Jedes Jahr kommt zu den bisherigen Gefäßschichten eine neue dazu. Im Sommer ist das Holz dunkler, weil es weniger wächst, wenn es trocken ist. Im Winter wächst es gar nicht.

• Zählst du die Ringe von der Mitte aus, erfährst du, wie alt der Baum ist.

• Ist der Stamm sehr dick, schneidest du dir besser ein Zweiglein zurecht, das zehn Ringen entspricht, und misst den Stamm damit. Das geht sehr viel schneller!

• Steht der Baum noch, misst du seinen Umfang in einer Höhe von 1,60 m über dem Boden. Der Umfang wächst um 2,5 cm jährlich. Eine Eiche von 2,50 m Umfang ist ungefähr 100 Jahre alt.

KRANK ODER NICHT?

Um etwas über den Gesundheitszustand eines Walds zu erfahren, brauchst du nur zu prüfen, ob die Äste der Bäume mit Flechten bedeckt sind. Da sie außerordentlich empfindlich auf Luftverschmutzung reagieren, wachsen sie nur, wenn die Luft rein ist. Das ist ein guter Anhaltspunkt.

Auf der Jagd nach kleinen Tieren

Im Wald gibt es auf den Ästen im Gebüsch und unter den Blättern am Boden hunderte kleiner Tiere: Spinnen, Raupen, Wanzen ... Du kannst sie sammeln, um sie dann vorsichtig unter der Lupe zu betrachten.

- *Unter die Äste eines Busches einen Regenschirm oder ein Tuch halten.*
- *Den Busch schütteln und gleichzeitig mit einem Stock dagegenschlagen.*
- *Es fallen garantiert kleine Tiere herunter.*

Natürliches Hygrometer

Tannenzapfen geben Auskunft über die Luftfeuchtigkeit im Wald.

Sind die Zapfen geöffnet, ist die Luft trocken, denn das Holz der Schuppen zieht sich zusammen.

Sind die Zapfen geschlossen, ist es feucht, weil die Schuppen des Fichtenzapfens voller Wasser und deshalb geschmeidiger sind.

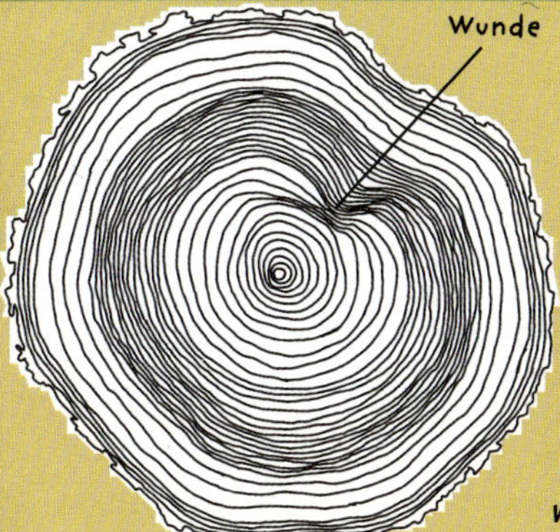

Das Leben eines Baums lesen

Betrachtest du aufmerksam die Ringe eines gefällten Baums, entdeckst du einschneidende Ereignisse in seinem Leben.

Schwere Jahre: Dicht gedrängte Ringe entsprechen einem langsamen Wachstum. Dieser Baum wurde vielleicht jahrelang von einem Nachbarn behindert, bis man ihn schließlich gefällt hat. Oder es war zu trocken, sodass er nicht normal wachsen konnte. Wunde: Hier hat der Baum eine Verletzung. Entweder wurde seine Rinde teilweise abgerissen oder vielleicht wurde er leicht angekohlt. Er hat fünf Jahre gebraucht, um sich davon zu erholen.

Tiere erkennen

Im Wald leben viele Tiere. Auch wenn man sie nicht sieht, weiß man, dass sie da sind. Wollt ihr sie überraschen, geht ganz behutsam und sprecht leise. Ihr solltet euch vom Zauber des Waldes gefangen nehmen lassen und euch viel Zeit nehmen. Dort unten ein Tier, es bewegt sich, weidet, flieht! Ihr bleibt stehen, sagt nichts. Und plötzlich laufen alle los, ihr versteckt euch und lacht. Die Zeit vergeht, jede Müdigkeit ist vergessen …

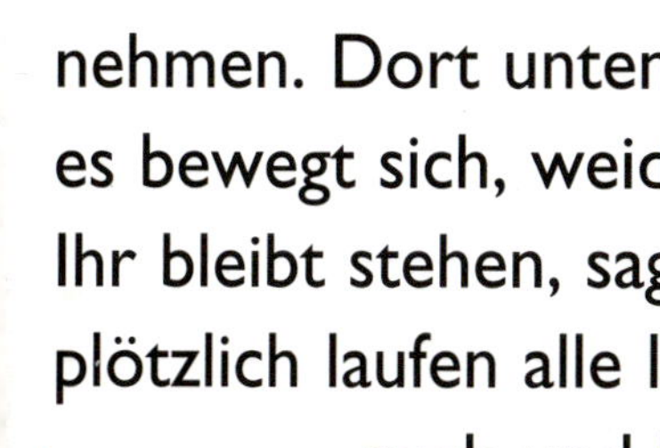

Kleine Tiere am Boden

Wann immer du Halt machst, wirfst du einen Blick unter dürres Laub, auf den Boden und unter Steine, wo hunderte kleiner Tiere tätig sind: Sie recyceln lebende Materie. Um sie besser zu beobachten, kannst du sie auch in ein Lupenglas geben ...

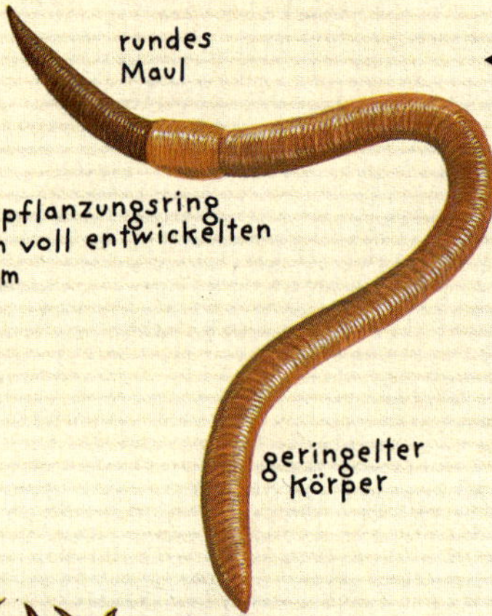

◀ Regenwurm

Er schluckt Erde mit dem Maul, verarbeitet sie und scheidet sie durch den Anus aus. Nach der Paarung stellt er Kokons her, aus denen junge Regenwürmer schlüpfen. Er atmet mit seiner feuchten Haut und stirbt an der trockenen Luft.

Laufkäfer ▼

Wie bei allen Käfern bilden die beiden Vorderflügel des Laufkäfers (die Deckflügel) einen schützenden Panzer. Aufgepasst! Hebt man ihn auf, scheidet er am Ende des Hinterleibs einen Tropfen Buttersäure aus, die juckt und sehr übel riecht! Der unten abgebildete Laufkäfer kann nicht fliegen. Er ernährt sich von Würmern und Insekten.

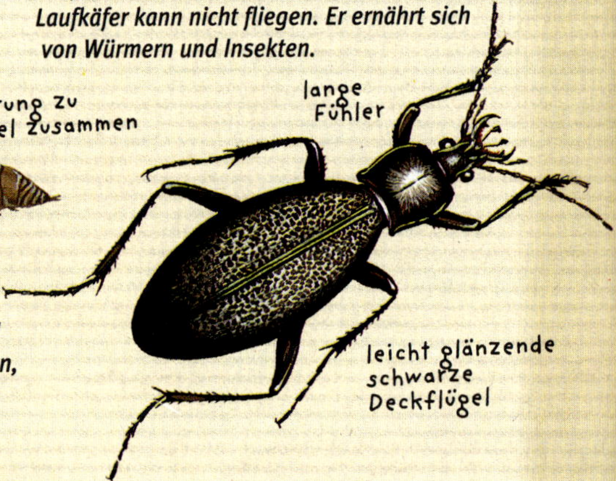

Assel ▲

Sie ist ein Krustentier wie die Garnele, bedeckt von einem gegliederten Panzer! Man findet sie unter Blättern und Steinen, dort, wo es feucht ist. Sie ernährt sich von Pflanzenresten.

◀ **Waldgrille**

Sie lebt um ihren Bau herum unter toten Blättern. Geht man ganz dicht an ihr vorbei, springt sie. Du kannst einen Zweig in ihr Loch schieben und sie behutsam herausziehen: Die Grille klammert sich daran fest! Nur die Männchen singen, indem sie ihre Flügel gegeneinander reiben.

Gartenschnecke ▶

Im Sommer und im Winter verschließt sie ihre Schale mit Schleim. Zu ihrer Verteidigung macht sie Blasen. Sie raspelt die Blätter mit ihrer Zunge ab. Um sich nicht zu verletzen, bedeckt sie ihren Weg mit Schleim. Nacktschnecken haben kein Gehäuse.

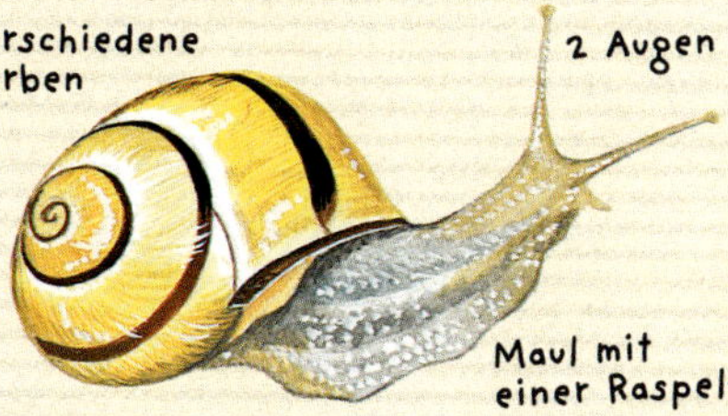

Die Wolfsspinne sieht ausgezeichnet.

◀ **Wolfsspinne**

Sie jagt mit Hilfe des Gesichtssinnes frei herumlaufend auf dem Boden. Der an den Spinndrüsen des Weibchens hängende Kokon ist voller Eier. Sobald die jungen Spinnen schlüpfen, klettern sie auf ihren Rücken.

SINGENDE WÄCHTER

In China hält man männliche Grillen als eine Art singende Wächter in kleinen Käfigen. Dank ihrer sehr empfindsamen Hörorgane, die an den Beinen sitzen, nehmen sie schon den kleinsten Lärm wahr. Bei der geringsten Gefahr hören sie auf zu singen!

Auf Bäumen und in Gräsern

Da kleine Tiere oft Feuchtigkeit suchen, findest du sie häufig unter der Rinde oder unter Blättern. Einige Spinnen weben Netze, die du im Tau sehen kannst. Andere jagen im Lauf oder indem sie sich auf die Lauer legen.

◀ Ohrwurm

Keine Angst: Seine Zangen sind ungefährlich! Dieser Liebhaber von Blütenblättern lebt auf Büschen und Bäumen. Du begegnest ihm oft in der Nähe seiner Eier oder der Jungen, die er gut betreut.

Kreuzspinne ▶

Das Netz dient ihr als Behausung und Falle zugleich. Sie ist an einem Seidenfaden mit der Netzmitte verbunden und läuft bei der kleinsten Vibration herbei.

INSEKT ODER SPINNE?

Ein Insekt hat sechs Beine, Fühler, einen dreigeteilten Körper und oft auch Flügel. Spinnen haben acht Beine und einen zweigeteilten Körper. Außerdem besitzen sie weder Fühler noch Flügel. So einfach ist das!

HALLO, ICH BIN'S

Wirfst du ein paar Staubkörner auf ein Spinnennetz, eilt die Eigentümerin herbei, um herauszufinden, wer mit ihr „telefoniert"!

Feuerwanze ▶

Wie bei allen Wanzen ähnelt ihr Bruststück einem Wappen. Die Vorderflügel sind auf der Hälfte ihrer Länge verdickt. Im Frühjahr paart sich die Feuerwanze und bewegt sich paarweise fort. Ihre Larven sind weich und ganz rot.

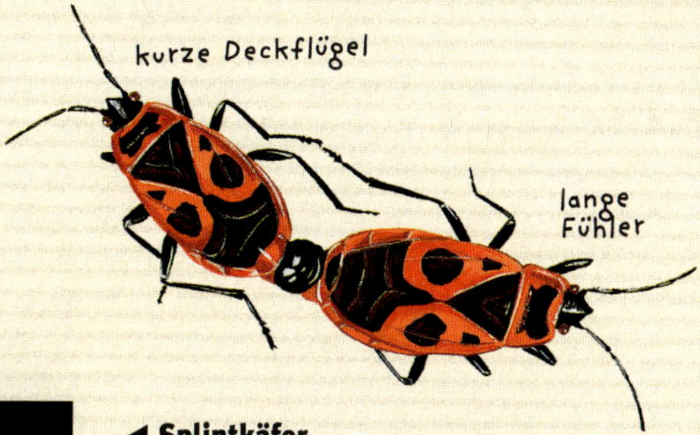

Die für die Art typischen Streifen

◀ Splintkäfer

Im Frühjahr höhlt das Männchen in einem Fichtenstamm eine Zelle aus und paart sich dort. Das Weibchen gräbt anschließend zwei oder drei Gänge, in denen es seine Eier ablegt. Die Larven graben ihrerseits wieder Gänge.

Riesenläufer ▶

Sobald er sein Versteck verlässt, bewegt er sich schnell vorwärts. Achtung! Seine Vorderbeine haben sich in Gifthaken verwandelt. Damit tötet er kleine Insekten.

Hier sind die Gifthaken deutlich zu sehen.

UM EINEN ABGESTORBENEN BAUM HERUM

Um einen toten Baum herum wimmelt eine reiche Mikrofauna. Sie zerkleinert, verdaut und wandelt die pflanzlichen Stoffe um. Du kannst die Pflanzenfresser und ihre Räuber mit einer Lupe beobachten. Dann begreifst du, warum der Wald nicht um jeden Preis von totem Holz „gesäubert" werden darf.

VOR DEM AUSFLUG 4
BEOBACHTEN UND ENTDECKEN 18
SPIELEN UND BASTELN 54
TIERE ERKENNEN 70

Fliegende Insekten

Auf den Lichtungen kosten Schmetterlinge den Nektar der Blüten und breiten ihre Flügel in der Sonne aus. Stechinsekten kannst du in eine Schachtel tun, um sie zu beobachten; wenn du sie wieder freisetzt, solltest du schnell das Weite suchen.

◀ Bläuling

Bläulinge fliegen so lebhaft, dass man Mühe hat, ihnen zu folgen. Jede ihrer Raupen hat ihre Lieblingspflanze. Wie alle Bläulingsraupen scheiden sie eine zuckrige Flüssigkeit aus, die die Ameisen lieben.

Tagpfauenauge ▶

Fühlt es sich gestört, reibt es geräuschvoll seine Flügel gegeneinander. Im Winter verbirgt es sich in hohlen Bäumen. Seine stachligen schwarzen Raupen mit orangefarbenen Beinen leben unter Brennnesseln.

◀ Zitronenfalter

Dort fliegt etwas Gelbes! Das ist das Männchen, denn das Weibchen ist weiß. Der Zitronenfalter verlässt seine Puppe zu Sommerbeginn, fliegt im Herbst, überwintert und legt erst im Frühjahr darauf seine Eier. Nimm keinen Schmetterling in die Hand, denn dann beschädigst du die Flügel! Betrachte ihn nur mit der Lupe. Er ist prachtvoll!

◀ Hummel

Zahlreiche Hummelarten sammeln den Nektar von Klee- und Luzernenblüten. Sie überwintern in Löchern am Boden oder unter Steinen und kommen im Frühjahr heraus.

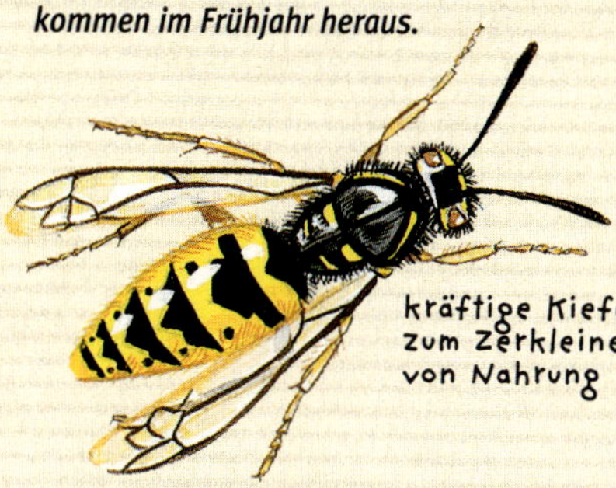

Siebenpunkt ▼

Die Anzahl der Punkte unterscheidet sich je nach Art. Genau wie seine schwarz-gelbe Larve verschlingt er Blattläuse. Hat er Angst, stellt er sich tot und scheidet eine übel riechende Flüssigkeit aus.

Wespe ▲

Im Gegensatz zur Biene stirbt die Wespe nicht, wenn sie sticht! Da sie Früchte und Schinken für ihr Leben gern frisst, verfolgt sie uns während der Mahlzeiten; sie hat etwas gegen große Gesten. Die Königin baut ein Nest aus zerkautem Holz in einem Loch am Boden oder in einem Baumstumpf. Die Arbeiterinnen füttern die Larven mit anderen Insekten.

DIE LIEBLINGSBLUME DER BIENEN

Wie weiß man, ob Bienen rosa oder blaue Blumen bevorzugen? Einer sucht sich eine rosa Blume wie den Fingerhut, die an einem sonnigen Platz steht, ein Zweiter wählt eine blaue Blume in der Nähe. Jeder bezieht mit Uhr, Papier und Bleistift ganz nahe bei seiner Blume Stellung und rührt sich nicht. Es geht los!
Die Stoppuhr wird auf 15 Minuten eingestellt. Während dieser Zeit lasst ihr die Blumen nicht aus den Augen und notiert, sobald ein Insekt die rosa oder die blaue Blume besucht. Am Ende vergleicht ihr das Ergebnis.

4 VOR DEM AUSFLUG
18 BEOBACHTEN UND ENTDECKEN
54 SPIELEN UND BASTELN
70 TIERE ERKENNEN

Galle und Raupe

Bestimmte kleine Insekten stechen Blumen oder Zweige von Bäumen, um darin ihre Eier abzulegen oder um zu überwintern. Als Reaktion darauf erzeugen die Pflanzen Gallen, in denen sich die Larven entwickeln. Auch die Raupen richten an ihren Gastpflanzen Schaden an.

Das Vollinsekt ist ein grüner Schmetterling.

◀ Grüner Eichenwickler

Schau! Dieses Eichenblatt ist eigenartig gerollt. Es wird von Seidenfäden zusammengehalten: In seinem Inneren entdeckst du die Raupe dieses Wicklers. Gut geschützt vor ihren Feinden labt sie sich am Blatt ...

Eichenspinner ▶

Das Weibchen des Eichenspinners lebt auf Eichen und legt seine Eier mit Hilfe eines langen Legestachels in Eicheln ab. Wenn die Larve schlüpft, ernährt sie sich vom Eichelinhalt, dann macht sie ein kleines Loch in die Schale, kriecht heraus und lässt sich auf den Boden fallen.

Der Legestachel des Weibchens ist sehr lang.

GALLEN AUF EICHENBLÄTTERN

Sie werden von Eichengallwespen, deren Weibchen Flügel haben, hervorgerufen. Je nach Art und Geschlecht der Eichengallwespe unterscheidet sich die Form der Galle. Je nach Jahreszeit findet man im Inneren entweder ein Vollinsekt oder eine Larve.

dicke Eichäpfel

kleine Eichäpfel

linsengroße Eichgalle

Spannerraupe ▶

Das ist eine Spannerraupe, denn sie hat nur zwei Paar falsche Bauchbeine. Sie kommt voran, indem sie ihren Körper biegt und sich abwechselnd mit ihren Beinen an der Brust oder ihrem Hinterleib festklammert, wie man es mit den Fingern macht, wenn man eine Entfernung misst.

Die Raupen der Spanner erkennst du mühelos.

Die Raupe knabbert die Blätter ab.

◀ Schlehenspinnerraupe

Diese Raupe kommt sehr häufig vor. Man erkennt sie an den vier gelben Haarbüscheln auf dem Rücken. Sonst ist ihr Körper mit langen Haaren bedeckt, die in braunen Warzen sitzen. Man begegnet ihr im Mai und Juli.

Kiefernprozessionsspinner ▶

Sie klettern im Gänsemarsch auf Nadelbäume und richten Schaden an. Im Winter verschanzt sich die Kolonie in ein Nest aus dichter Seide am äußeren Ende von Kieferästen. Achtung! Die Haare der Raupen wirken wie Nesseln. Zum Glück hindert das den Kuckuck nicht daran, sie sich schmecken zu lassen.

EICHENGALLWESPEN ZÜCHTEN

Das Blatt mit der Galle (dicker oder kleiner Eichapfel) in ein Glas geben. Den Behälter mit einem Tuch und einem Gummiband verschließen. Das Ganze nach draußen an einen vor Regen geschützten Ort stellen.

- Geduld! Im Frühjahr findest du eine weiße Larve in der grünen Galle.
- Im Herbst verwandelt die Larve sich in eine Puppe.
- Im Winter schlüpft ein kleiner, glänzend schwarzer Hautflügler: eine Eichengallwespe.

Reptilien und Amphibien

Es ist falsch zu sagen, dass Reptilien (Eidechse, Schlange) kaltes Blut haben. Tatsächlich nimmt ihr Körper die Temperatur des Ortes an, an dem sie sich befinden. Amphibien wie Frosch, Salamander und Molch verbringen einen Teil ihres Lebens als Kaulquappen im Wasser, bevor sie als voll entwickelte Tiere an Land gehen.

Keine Zucht!

Auf keinen Fall den ersten Märzregen verpassen! Das ist der beste Augenblick, um Amphibien zu beobachten. Du findest sie, wenn sie ihre heimatlichen Tümpel aufsuchen, um sich dort fortzupflanzen. Aber aufgepasst! Sie stehen unter Naturschutz: Es ist verboten, sie mitzunehmen und zu Hause zu halten.

Grasfrosch ▲

Im März wachen Grasfrosch und Springfrosch auf und wandern an das Gewässer, wo sie sich fortpflanzen. Ende März kehren sie in den Wald zurück und verstecken sich tagsüber in ihrem Unterschlupf.

BEINTEST

Um den Springfrosch vom Grasfrosch zu unterscheiden, nimmt man beide am Bein und zieht es über ihren Kopf. Dabei wird die Länge verglichen.

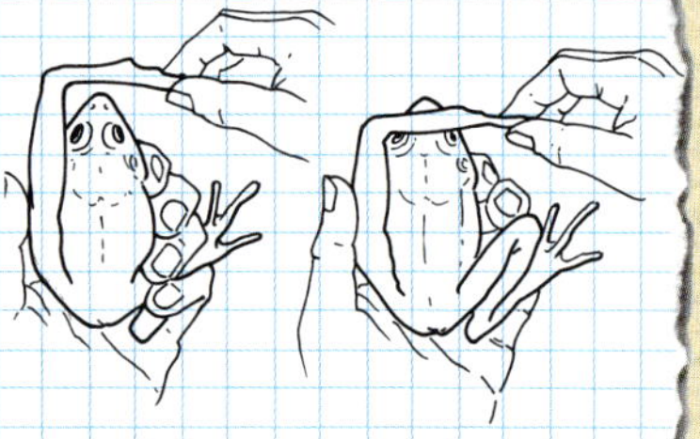

langes Bein: Springfrosch

kurzes Bein: Grasfrosch

VERSCHIEDENARTIGE EIER!

Wer wissen will, welche Amphibien in einer Region leben, bestimmt ihre Eier.

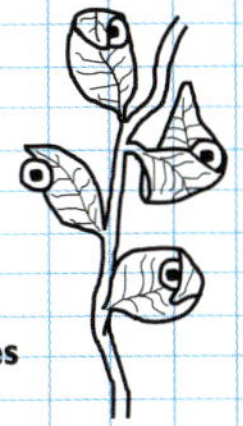

Molch: kleine Einzeleier, an einer Wasserpflanze festgemacht, deren Blätter über jedes Ei gefaltet sind

Frosch: ein Haufen von gelatinösen Kugeln, die schwimmen oder nicht

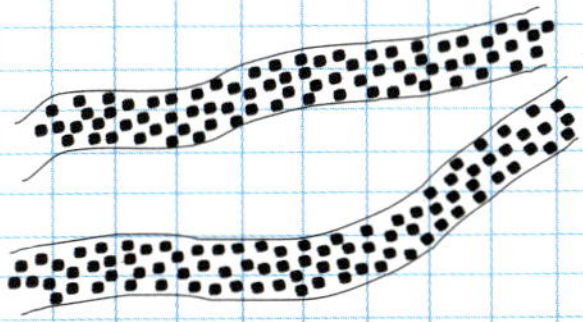

Kröte: Die Eier sind wie an einer Schnur aufgereiht.

Die lebend gebärende Eidechse ▶

Diese Eidechse ist nicht sehr schnell, deshalb lässt sie sich leicht fangen. Sie ernährt sich von kleinen Insekten und Spinnen. Packt ein Räuber sie beim Schwanz, erlebt er eine Überraschung: Der Schwanz bricht ab und die Eidechse flieht! Zum Glück wächst er nach.

Ein brauner, leicht gefleckter Rücken. Beim Männchen ein lebhaft orangefarbener Bauch, der beim Weibchen blasser ist.

NICHT ANFASSEN!

Amphibien scheiden Schleim aus, der entweder Juckreiz erregt oder Gift enthält. Deshalb ist es am besten, du fasst Frösche, Molche oder Salamander nicht an und beobachtest sie nur.

Bauch beim Männchen lebhaft orangefarben, beim Weibchen blasser.

Feuersalamander ▲

Zum Winterende verlässt er in einer milden, regnerischen Nacht seinen Unterschlupf, um seine Larven in einem Waldtümpel abzulegen. Nachts jagt er kleine Tiere, dann zieht er sich in sein Versteck zurück. Man findet ihn tagsüber an dunklen, feuchten Orten.

Ringelnatter ▼

Mit dem schwarzen Band ähnelt sie einer Viper. Sie ist tagaktiv, meidet aber große Hitze. Im Frühjahr tragen die Männchen Kämpfe und Paarung recht lärmend aus. Sie ernährt sich von Eidechsen und anderen Schlangen.

Zwei gelbe Halbmondflecke am Hinterkopf

4 VOR DEM AUSFLUG
18 BEOBACHTEN UND ENTDECKEN
54 SPIELEN UND BASTELN
70 TIERE ERKENNEN

Kleine Vögel

Schnell lernst du mit Hilfe des Fernglases Waldvögel zu erkennen. Dabei achtest du auf Größe, Umriss, Schnabel- und Schwanzform, die Farbe von Gefieder und Kopf. Du beobachtest auch, wie sie fliegen und fressen.

◀ Zaunkönig

Kaum hat man die kleine, braune Federkugel mit dem aufgestellten Schwanz entdeckt – schon ist sie in einem Holzstoß verschwunden. Tick, tick, ertönt ihr starker, klirrender Schrei.

Rotkehlchen ▶

Es ist wenig scheu und hüpft auf dem Boden, um Regenwürmer aufzupicken. Oft bezieht es einen gut sichtbaren Singposten und singt laut, indem es seine rote Kehle aufbläht, um mehr Luft zu bekommen.

◀ Kohlmeise

Sie bewegt sich unermüdlich in den Zweigen und hängt auch mit dem Kopf nach unten, um ein Korn, eine Raupe oder eine Insektenlarve zu fangen. Von Januar an singt sie, indem sie 2- oder 3-mal dieselben Töne wiederholt. Sie schält Körner, indem sie mit dem Schnabel darauf schlägt.

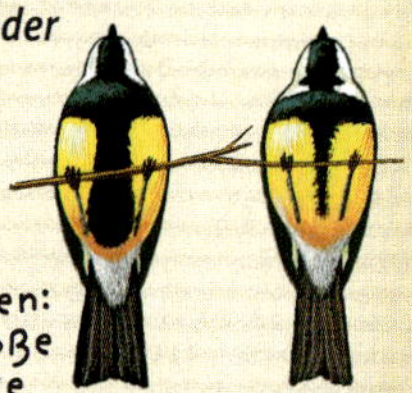

◀ Blaumeise

Sie ist kleiner als die Kohlmeise und besitzt schöne blaue Federn. In Nadelbäumen kommt außerdem auch die Haubenmeise vor.

◀ Buchfink

Er ist wenig scheu und lebt am Boden, wo er Körner oder Insekten sucht. Auf den ersten Blick würde man ihn für einen Spatzen halten, aber das Männchen mit dem roten Bauch ist viel farbiger.

Mönchsgrasmücke ▶

Sie hat je nach Geschlecht ein schwarzes oder rotes Käppchen. Man sieht sie auf Ästen, wo sie Insekten und Früchte pickt. Ihr melodischer Gesang endet mit lauten Tönen.

ZIP-ZAP: GROSCHEN ZÄHLEN

Bei dem Lärm, den er macht, denkt man, jemand zählt seine Groschen. Man sieht den Vogel nicht, denn der Ton kommt von einem Baumwipfel. Es ist der Laubsänger: Er ist vom Monat März an zu hören.

Rotschwänzchen ▼

Es bewegt unablässig seinen roten Schwanz! Um Insekten zu fangen, verlässt es seinen hohen, freien Ausguck und fliegt auf der Stelle. Manchmal kommt es auf den Boden.

4 VOR DEM AUSFLUG
18 BEOBACHTEN UND ENTDECKEN
54 SPIELEN UND BASTELN
70 TIERE ERKENNEN

Wendige Kletterer

Tok, tok, tok! Die Spechte hämmern mit ihrem kräftigen Schnabel auf die Baumstämme, dass der Wald davon widerhallt. Einige Vögel suchen auf diese Weise Larven unter der Rinde, andere markieren ihr Territorium oder höhlen ein Nest aus.

◀ Grünspecht

Auf dem Boden sucht er Ameisen, Regenwürmer und Schnecken. Wenn er davonfliegt, lässt er seinen Ruf ertönen, der an schallendes Gelächter erinnert. Er fliegt wellenförmig und hämmert nur selten.

Baumläufer ▶

Da er rindenfarbig ist, ist er kaum zu sehen, wenn er spiralförmig einen Baumstamm hinaufklettert. Ist er im Baumwipfel angekommen, fliegt er zum Fuß eines Nachbarbaums, um dort erneut seinen Aufstieg zu beginnen.

◀ Buntspecht

Im Wald hämmert er unglaublich schnell auf Äste und tote Baumstämme ein (10 bis 15 Schläge pro Sekunde). Er hebt die Schuppen von Kiefernzapfen an, um Körner und Insekten zu fassen.

◀ **Gemeiner Kleiber**

Eine kleine graue, schwanzlose Kugel klettert kopfabwärts einen Baumstamm hinunter. Das ist er! Plötzlich ertönt Hämmern: tak, tak, tak ... Er hämmert mit dem Schnabel auf eine Nuss oder Eichel ein, die er in eine Vertiefung gesteckt hat, um sie zu öffnen.

Schrecken der Wälder

Die Raubvögel, ob sie nun nachts oder tagsüber aktiv sind, bewegen sich geräuschlos zwischen den Bäumen, um ihre Beute zu fangen. Sie haben ein feines Gehör und einen durchdringenden Blick. Plötzlich ertönen kleine spitze Schreie: Eine Waldmaus hat es erwischt!

Waldkauz ▶

Beim Fliegen wirkt er wuchtig, seine Flügel sind leicht nach unten gebogen. Er ist vor allem in der Dämmerung zu sehen. Der Gesang des Männchens besteht aus zwei tiefen, angenehmen Tönen: einem Huuu-uuu, gefolgt von ein bis zwei Sekunden Stille, danach ein lang gezogenes, zittriges Uuu-uuuu-uuu. Er ernährt sich von kleinen Nagetieren, Igeln und Fröschen.

Männchen: weiße Augenbraue, dunkles Käppchen, dunkle Wangen, kurzer abgerundeter Schwanz

◀ **Hühnerhabicht**

Von weitem wirkt er ganz grau, auf dem Rücken dunkler als auf dem Bauch. Er hat einen langsamen Flügelschlag, trotzdem ist er ein meisterhafter Luftjäger. Sobald er eine Beute gefangen hat, legt er sie auf einen Stein oder Baumstumpf, um sie zu zerstückeln. Dort findest du später einen Haufen Federn ...

4 VOR DEM AUSFLUG
18 BEOBACHTEN UND ENTDECKEN
54 SPIELEN UND BASTELN
70 TIERE ERKENNEN

Große Vögel

Sie lassen sich gut mit dem Fernglas beobachten. Um sie zu bestimmen, musst du auf Umriss, Farben und Form des Schwanzes achten. Auch, ob ein Vogel wellig oder geradlinig fliegt. Und höre dir an, wie er ruft!

◀ Schwarzdrossel

Durch Hüpfen auf dem Boden bringt sie Regenwürmer an die Oberfläche, die sie mit einem Ruck verschlingt. Ebenso liebt sie Früchte, an denen sie mit ihrem kräftigen Schnabel pickt. Beim geringsten Anzeichen von Gefahr gibt die Schwarzdrossel einen Warnruf (tschack, tschack, tschack ...) ab, während sie den Schwanz schüttelt.

Elster ▶

Auf der Suche nach Käfern und Schmetterlingen hüpft sie am Boden, während sie mit ihrem langen Schwanz das Gleichgewicht hält. Aber sobald man sich ihr nähert, fliegt sie auf und schreit dabei lärmend. Sie liebt glänzende Gegenstände, die sie in ihr Nest hoch oben in den Bäumen trägt.

◀ Turteltaube

Das Männchen kündigt die ersten warmen Tage mit einem sanften Gurren an. Es ist röter als die Türkentaube, aber auch unauffälliger. Wenn es davonfliegt oder landet, ist deutlich ein schwarz-weißes Netz am Ende seines Schwanzes zu erkennen.

◀ Eichelhäher

Tschack! Bei seinem rauen Schrei schreckt man zusammen. Wenn er davonfliegt, erkennst du mit dem Fernglas sofort den schönen Fleck in lebhaftem Blau auf den Flügeln und seinen weißen Bürzel. Im Herbst versteckt er Eicheln in Baumspalten und auf dem Boden und trägt so zur Erneuerung des Walds bei.

Waldschnepfe ▶

Beim Gang durch das Unterholz wird ein brauner Vogel aufgescheucht, der im Zickzack zwischen den Baumstämmen flüchtet: die Waldschnepfe. Unter dürren Blättern hat sie Insekten gesucht. Im Frühjahr ist in der Abenddämmerung das Männchen zu sehen, das immer auf derselben Strecke stolziert. Es stößt raue, dann spitze Rufe aus und macht mit den Flügeln ruckartige kleine Schläge.

Mit ihrem braunrötlichen Gefieder ist die Waldschnepfe im Unterholz fast unsichtbar.

Die Singdrossel hat eine hell gefleckte Brust.

◀ Singdrossel

Ihr Gesang zieht die Aufmerksamkeit auf sich. Sie liebt Schnecken, deren Gehäuse sie mit ihrem Schnabel auf Steinen zertrümmert.

WARUM SINGEN SIE?

Vögel singen nicht, weil das Wetter schön ist oder weil sie zufrieden sind. Sie singen, um ihr Territorium für Fortpflanzung und Ernährung zu verteidigen. Indem sie verschiedene Töne abgeben, sagen sie ihren Artgenossen: „Das gehört mir! Hier lässt sich niemand anders nieder!“ Verständlich, dass sie dabei so viel Energie investieren ...

VOR DEM AUSFLUG 4
BEOBACHTEN UND ENTDECKEN 18
SPIELEN UND BASTELN 54
TIERE ERKENNEN 70

Kleine Säugetiere

Wenn der Tag zur Neige geht, rascheln die kleinen Nager in den Blättern. Taucht man sie in Licht, sind sie geblendet und verharren einen Augenblick lang. Nur das Eichhörnchen hat keine Angst, auch tagsüber herauszukommen. Du kannst es gut beobachten.

◀ Rötelmaus

Sie gräbt Gänge gleich unter der Erdoberfläche. Wie die anderen Wühlmäuse hat sie kleine, runde Ohren, die gerade noch über ihren Pelz ragen. Meist ist sie nachts aktiv, kommt aber auch manchmal am Tag heraus, denn sie ist kaum scheu. Sie kann gut springen und klettern.

Waldmaus ▶

Die Waldmaus bewegt sich am Boden mit Sprüngen vorwärts, indem sie den Schwanz anhebt; außerdem klettert sie auch auf Bäume. Sie liebt besonders Körner, Früchte, Reisig und Rinde; manchmal knackt sie ein Insekt.

◀ Siebenschläfer

Mit seinen runden Ohren und den großen, schwarz geränderten Augen ähnelt er einem winzig kleinen grauen Eichhörnchen. Er lebt zurückgezogen und man begegnet ihm nur im Frühling zur Balzzeit. Dann hört man kleine Schreie und Pfeifen. Er bevorzugt Buchen- und Kastanienwälder.

Eichhörnchen ▶

Ein Blätterrascheln in einem Baum bewirkt, dass wir den Kopf heben: Da ist es! Es springt, dann läuft es behände den langen Baumstamm hinunter. Dabei balanciert es mit seinem federbuschartigen Schwanz. Beim Ausruhen schlägt es ihn wie ein Federbett über seinen Rücken.

◀ Haselmaus

Eine orangefarbene Maus, ganz rund, mit einem schönen behaarten Schwanz – so kann man sie beschreiben. Sie bewohnt das Unterholz und Brombeerbüsche. Die Haselmaus liebt Knospen und Früchte, verspeist gelegentlich aber auch Insekten und Spinnen. Ihr rundes Grasnest wird oft nicht vor dem Sommer gebaut. Sie kommt erst heraus, wenn es Nacht wird ...

FLEDERMÄUSE, UNSERE FREUNDE

Warum so ängstlich? Es sind doch nur kleine, ganz weiche, warme Säugetiere, die im Flug auf bemerkenswerte Weise Insekten fangen. Wenn der Tag zu Ende geht, kommen sie wie Riesenschmetterlinge dahergeflogen. Keine Gefahr, dass sie uns berühren: Sie orientieren sich, selbst in absoluter Dunkelheit, mit Hilfe ihres Radarsystems! Wenn du nicht gerade eine ihrer Schlafstellen findest, siehst du sie nur selten aus der Nähe. Aber man kann sie mit dem Fernglas bewundern ...

Große Säugetiere

Manchmal hast du Glück und siehst einen Rehbock, der durch das Unterholz flüchtet, oder du überraschst einen Fuchs bei der Jagd am Waldrand. Es ist beeindruckend, den Weg eines großen, wild lebenden Säugetiers zu kreuzen.

großer buschiger Schwanz; weiße Schwanzspitze

◀ Fuchs

Im Frühjahr spielen die wenig scheuen Jungen rund um ihren Bau. Die Eltern jagen Nagetiere in großen Mengen und gelegentlich Hasen. Sie laben sich auch an Früchten und Insekten. Dank ihres Pelzes wirken sie größer, als sie eigentlich sind.

Dachs ▶

Im Winter schläft er tief in seinem Bau. Aber vom Frühjahr an kommen die Jungen heraus. Um sie zu sehen, bleibt einem nichts übrig, als sich abends beim Eingang des Baus auf die Lauer zu legen.

Nur das Männchen hat Hauer (große Eckzähne).

◀ Wildschwein

Es liebt feuchte Wälder mit schlammigem Boden. Oft hört man, wie es mit großem Getöse durchs Unterholz flüchtet. Es pflügt den Boden, um Wurzeln und Eicheln zu finden. Die Frischlinge sind gestreift. Nähere dich auf keinen Fall: Die Wildsau greift möglicherweise an!

◀ Rehbock

Er ist sehr klein, und wenn er flüchtet, siehst du sofort den weißen Fleck auf seinem Hinterteil. Er ernährt sich vor allem von Blättern, aber er weidet auch in Lichtungen. Vor der Paarung im Juli folgt der Rehbock oft dem Weibchen, dabei läuft er wiederholt um denselben Baum. Dann siehst du im Boden eine typische kreisförmige Spur.

Hirsch ▶

Während der Herbstnächte, wenn das Männchen brüllt, stehen die Aussichten am besten, den großen Hirsch zu sehen, denn er ist so erregt, dass er jede Vorsicht vergisst. Tagsüber legt er sich ins Gestrüpp. Aber von abends bis zum frühen Morgen wandert er, um Reisig, Knospen und zarte Rinde zu knabbern.

DAS GEWEIH WÄCHST MIT

Nur das Hirschmännchen trägt ein Geweih, das es zwischen Februar und Mai völlig verliert. Im Sommer wächst es ein wenig größer als zuvor wieder nach. An der Größe des Geweihs kannst du also das Alter des Hirschs ablesen.

Spießer: unter 2 Jahre alt | **junger Hirsch: 2–4 Jahre** | **Hirsch zwischen 5–9 Jahren** | **alter Hirsch über 10 Jahre**

4 VOR DEM AUSFLUG
18 BEOBACHTEN UND ENTDECKEN
54 SPIELEN UND BASTELN
70 TIERE ERKENNEN

REGISTER

Fotonachweis
Alle Aufnahmen: Agence Colibri

Illustrationen
Innenteil: Hélène Appell-Mertiny, Pierre Ballouhey, Anne Eydoux, Catherine Fichaux, Jean Grosson, Christian Heinrich, Nathalie Locoste, Jean-Marc Pariselle, Frédéric Pillot, Jean-Claude Sénée, Sophie Toussaint

Einband: Abbildungen aus dem Innenteil

Die Originalausgabe erschien unter dem Titel „En Forêt“
in der von Valérie Tracqui herausgegebenen Reihe
„Balades et découvertes“ bei MILAN.

In neuer Rechtschreibung

Aus dem Französischen von
Miriam Magall

5. Auflage 2005

Fachberatung: Klaus Neff
Einbandgestaltung: Agentur Hummel & Lang
Printed in Italy

ISBN 3-401-41502-6
ISBN 978-3-401-41502-4

www.arena-verlag.de